KB187437

마음은
바로
섰는가

"AIZÔBAN" MATSUSHITA KONOSUKE ICHINICHI ICHIWA

Edited by PHP Research Institute, Inc.
Copyright©2007 by PHP Institute, Inc.
First published in Japan in 2007 by PHP Institute, Inc.
Korean translation rights arranged with PHP Institute, Inc.
through Japan Foreign-Rights Centre/ EntersKorea Co., Ltd.

이 책의 한국어판 저작권은 (주)엔터스코리아를 통해 일본의 PHP Institute,Inc.와 독점 계약한 책이있는풍경에 있습니다.
저작권법에 의하여 한국 내에서 보호를 받는 저작물이므로 무단전재와 무단복제를 금합니다.

마음은
바로
섰는가

마쓰시타
고노스케

PHP종합연구소 편

옮긴이 | 김현석 · 여선미

책/이/있/는/풍/경

마음은 바로 섰는가

1판 1쇄 인쇄 2014년 10월 20일 | 1판 1쇄 발행 2014년 10월 29일 | PHP종합연구소 편 | 옮긴이 김현석·여선미 | 펴낸이 이희철 | 기획편집 조일동 | 마케팅 임종호 | 펴낸곳 책이있는풍경 | 등록 제313-2004-00243호(2004년 10월 19일) | 주소 서울시 마포구 월드컵로31길 62 1층 | 전화 02-394-7830 | 팩스 02-394-7832 | 이메일 chekpoong@naver.com | 홈페이지 www.chaekpung.com | ISBN 978-89-93616-41-5 03320

이 도서의 국립중앙도서관 출판시도서목록(CIP)은 서지정보유통지원시스템 홈페이지(http://seoji. nl.go.kr)와 국가자료공동목록시스템(http://www.nl.go.kr/kolisnet)에서 이용하실 수 있습니다. (CIP제어번호: CIP2014025653)

· 값은 뒤표지에 표기되어 있습니다.
· 잘못된 책은 바꾸어 드립니다.

"늘 젊게 살고 싶어도 나이 먹는 것은 피할 수 없다. 그러나 정신적으로는 몇 살이 되든 청춘 시절과 마찬가지로 매일 새로운 희망에 부풀며 용기를 잃지 않고 자신의 사명을 이루기 위해 몰두하는 마음으로 살아갈 수는 있다. 청춘이란 마음의 젊음이다. 신념과 희망이 넘치고 용기에 차 매일 새로운 활동을 계속하는 한 청춘은 영원히 곁에 있다."

_마쓰시타 고노스케

들어가는글

우리는 알고 있다. 1년 365일, 충실히 보낸 하루하루는 1년 동안의 알찬 수확을 맺게 하고 나아가 일생을 결정하는 중요한 시간이라는 것을. 우리는 또한 알고 있다. 알고 있는 것을 매일 실천하며 알차게 보내기가 힘들다는 것을.

하루를 마무리하면서 그날의 일들을 돌아보았을 때, '오늘은 정말 멋진 하루였어'라고 만족하기도 하고, '그렇게 하지 말았어야 했는데 왜 그랬을까?' 하며 후회하는 날도 있다. 후회와 반성을 되풀이하면서도, 항상 자신에게 주어진 시간을 보다

뜻 깊고 보람차게 살기 위해 우리는 열정을 품고 지금 이 순간을 살아야 한다.

이 책은 마쓰시타그룹(현 파나소닉)의 창업자인 마쓰시타 고노스케가 다양한 매체에 인생, 일, 경영, 국가, 그리고 사회에 관해 저술하거나 강연했던 내용들 중에서 365개를 추렸다. 1989년 4월, 그가 타계해 이제는 더 이상 새로운 단어를 추가하는 것조차 허락되지 않는다. 하지만 그가 평생 그랬듯이 이 책이 당신의 보다 나은 하루, 아니 1년을 위해, 알찬 인생을 사는 데 조금이나마 도움이 된다면 그보다 더한 기쁨은 없겠다.

Contents

1
어떻게 시작할 것인가

❇

2
무엇을 위해 일할 것인가

3
진정 가꾸어야 할 것은

4
그 일을 마주하는 자세

5
날마다 새롭게 하라

❋

6
믿음은 결코 배반하지 않는다

7
마음은 나를 보고 있다

8
성장은 저절로 오지 않는다

9
그 일에 마음을 담고 있는가

10
크게 보고, 멀리 생각하라

11
기적은 내 안에 있다

12
나를 돌아보고, 나를 세울 때

솔직하다는 것은 진리를 발견하는 능력과도 같다.
사람과 세상의 본질을 밝히고, 그것에 진지하고 겸허한 자세로
따르는 것은 강인함과 적극성이 없다면 할 수 없다.
그래서 솔직함은 유약해 보이지만 가장 강하고 충실하다.

마음은 바로 섰는가

1
어떻게 시작할 것인가

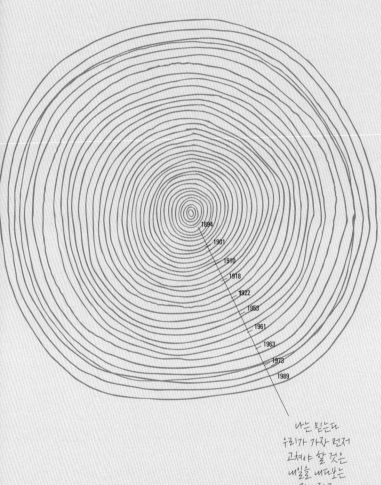

1894
1901
1910
1918
1922
1953
1961
1963
1973
1989

나는 믿는다
우리가 가장 먼저
고쳐야 할 것은
내일을 내다보는
자세라고

첫날을 열며

대나무 마디의 존재에 대해 생각해본 적 있는가? 위아래를
구별해주고, 거센 눈보라를 견뎌내는 힘을 갖기 위해서다.
이처럼 우리의 굴곡진 삶에도 시작과 끝을 나누는 마디가
필요하다. 부질없이 시간만 허비하지 않기 위해서라도 말
이다. 일 년에 한 번이라도 마디를 만들어 주변을 둘러보고,
삶을 견뎌낼 힘을 길러야 한다.

시작은 늘 의미 있으며 어제와는 다른 삶으로 가는 길이기
도 하다. 그런 의미에서 새해의 첫날은 더욱 의미가 깊다.

나는 왜 산에 오르는가

❋

지금은 도로와 케이블카가 생긴 덕분에 산에 오르내리기가 수월해졌지만, 예전에는 그렇지 못했다. 외지고 깊은 산을 누군가 힘들여 길을 열었을 테고, 그 결과 그 길은 산에 오르는 지름길이 되었다. 그곳에 길을 연 사람은 누구도 감히 헤아릴 수 없을 만큼 힘겨웠을 테지만 그가 있었기에 지름길이 열릴 수 있었다. 그만큼 그의 열정과 신념은 대단했다. 그와 우리가 하는 일은 다르지만, 믿음이 한결같다면 불가능한 일도 능히 할 수 있음을 절실히 깨닫는다. 그리고 겸허한 마음가짐으로 살아야겠다고, 산에서 다짐한다.

결코 불확실한 것은 없다

✿

다들 지금은 '불확실한 시대'라고 말한다. 실제로 생각하지 못한 일들이 연달아 생기는 등 혼란스러운 세상이다. 하지만 나는 결코 불확실이라는 단어를 용납하지 않는다. 생각해보라. 아무리 불확실한 현상들이라도 결국은 사람들이 하는 활동의 결과물이지 않은가. 확실하지 못한 신념으로 그렇게 행동했기 때문에 일어나는 일이지 않은가.

명확하지 않고 곧지 못한 생각과 행동을 멈추어라. 그러면 모든 것이 확실하게 보일 것이다. 스스로 깨닫고, 자신이 하는 일에 누구보다 열중하라. 그러면 결코 불확실한 것은 없을 것이다.

태초에 말씀이 계셨듯이

🍁

성경에 "태초에 말씀이 계셨다"라는 구절이 있다. 나는 이 말의 깊은 뜻을 헤아리지 못하지만, 이 말은 삶이나 경영에도 통한다고 믿는다. 경영자나 조직의 리더에게는 반드시 '태초의 말'이 있어야 한다. 아이디어를 제시하며, 그와 연관된 목표를 모두에게 보여줄 수 있어야 진정한 경영자이자 리더다. 세부적인 진행은 구성원들의 몫이지만, 가장 먼저 궁리하며 그것을 목표로 삼는 것은 경영자와 리더의 일이다.

그것은 기업 경영에만 그치지 않는다. 세상의 모든 일, 개인의 성장도 '태초'가 바로 서야 실천하기도 수월한 법이다.

당신에게는 선견지명이 있는가

🍁

선견지명은 리더가 지녀야 할 필수적인 요소다. 이것이 없다면 리더가 될 자격이 없다고 해도 무리가 아니다. 시대는 늘 변하고 있다. 어제까지 옳다고 믿었던 것이 오늘은 잘못이 되는 일이 흔하게 일어난다. 그러므로 시대의 흐름에 눈을 떼지 않으면서도 흐름을 예상하며 대응할 길을 찾을 때 뜻하는 성장을 이루고 성공을 거둘 수 있다.

어떤 일이 일어난 뒤에 허둥지둥해서는 절대로 좋은 결과를 기대할 수 없다. 이 점을 명심하라. 앞을 내다볼 줄 아는 사람이 앞서간다.

솔직하고, 솔직하라

솔직하라고 해서 단순히 상대를 거스르지 않고 순종하라는 뜻이 아니다. 진정한 솔직함은 강인함과 적극성을 포함하고 있다. 솔직한 마음은 사심이 없고, 마음에 그늘이 없으며, 한 가지에 매달리지 않는다. 솔직할수록 세상을 있는 그대로 바라볼 줄 안다. 이런 마음을 지닐 때 사람과 세상의 참모습을 알아보는 능력도 갖출 수 있다.

솔직하다는 것은 진리를 발견하는 능력과도 같다. 사람과 세상의 본질을 밝히고, 그것에 진지하고 겸허한 자세로 따르는 것은 강인함과 적극성이 없다면 할 수 없다. 그래서 솔직함은 유약해 보이지만 가장 강하다.

열정은 자석과 같다

아무리 재능이 뛰어나고 지식이 많다고 해도 열정이 부족하면 그림의 떡이나 다름없다. 반대로 지식과 재능은 조금 부족하더라도 최선을 다하는 열정이 있으면 어떤 일이라도 이룰 수 있다. 혼자 힘으로 안 되는 일도 자신이 갖고 있는 열정이 생각하지도 않았던 도움을 받게 해주며, 눈에 보이지 않는 힘을 끌어온다. 부족한 재능과 지식을 채워 일을 끝까지 마무리할 수 있도록 해준다.

자석이 주변에 있는 쇠를 끌어당기듯 열정은 주변에 있는 사람들을 끌어 모아 당신이 가고자 하는 곳으로 수월하게 이끌어 줄 것이다.

당신은 충분히 간절한가

간절하지 않으면서 잘되기를 바라는 것은 올바른 태도가 아니며, 신이라도 그런 바람을 들어줄 리 없다. 진심으로 그 일에 몰입해서 그 일을 꼭 이루고 싶을 때, 또는 성공시켜야만 할 때, 저절로 간절한 마음이 우러난다. 간절한 마음은 아무리 무던한 상대라도 모를 리 없다. 신이라면 더더욱 모를 리 없다.

비가 올 때는 우산을 써라

🍁

경영자라면 모든 일에 자연의 섭리를 따라야 한다. 어려운 말을 하려는 것이 아니다. 단지 비가 오면 우산을 쓰라고 말하고 싶을 뿐이다. 돈을 받아야 할 때는 돈을 받으러 가고, 제품이 팔리지 않을 때는 무리해서 팔려고 하지 말고 잠시 쉬었다가 다시 시작하라.

마땅히 돈을 받아야 할 곳에서 받지 않고 오히려 다른 곳에서 돈을 빌리려는 사람들이 적지 않아 걱정스럽다. 돈을 빌리려고 마음먹기 전에 최선을 다해 받아야 할 돈을 받아라. 그렇게 해도 돈이 부족하다면 그때 돈을 빌려라. 이처럼 간단하고 당연한 일을 언제 어떻게 하느냐로 경영자의 능력이 달라진다.

세상에 감사하라

흔히 직업과 일은 자신의 의지로 선택하는 것으로 여긴다. 하지만 사실 그 자리나 일은 세상에 필요하기 때문에 만들어지고 이루어졌을 뿐이다. 당신이 그 일을 하는 것이 아니라 세상이 그것을 당신에게 주었을 뿐이다. 머리를 단정히 하고자 하는 사람들이 있기 때문에 이발사가 생긴 것처럼. 이렇게 생각할수록 세상이 당신이 할 수 있는 일을 만들어주고, 그 일을 할 수 있다는 사실이 얼마나 감사한지 깨달을 것이다.

이 땅에 살고 있다는 것

❋

우리나라처럼 혜택 받은 나라는 없다. 사계절이 뚜렷하고, 한 가지 언어로 통하며, 기후와 풍토도 살기에 더없이 좋다. 이런 나라에 살고 있으면서도 이 나라에 사는 것을 불쾌해 하고 불만스러워한다는 것은 염치없는 짓이다.

당신이 살고 있는 이 땅, 이 나라를 제대로 알고 사랑하고 있는가? 물론 무엇이든 내 나라, 내 민족을 앞세워서는 안 되며, 잘못된 것은 기꺼이 인정하고 반드시 고쳐야 한다. 하지만 당신이 디딘 곳을 알면 알수록 이 땅과 이 나라에 사는 것이 얼마나 큰 행운이자 행복인지 깨달을 것이다.

나만의 인생 설계도

❀

단순히 습관처럼 일하는 것은 좋지 않다. 무엇이라도 상관 없다. 한 가지 목표를 가져라. 매일 하루의 목표를 세우고, 한 달 후, 일 년 후에 이루려는 목표를 세워 나만의 인생 설계도를 그려라.

계획대로 잘 풀릴 때도 있고 그렇지 않을 때도 있으며, 아무리 애써도 풀리지 않는 일도 있다. 그렇더라도 나만의 목표와, 앞으로도 계속 이룰 꿈이 인생을 보람되게 한다는 사실만은 결코 잊지 마라.

틀에 얽매임 없이

우리는 어떤 일을 할 때, 틀을 정해놓는 경우가 많다. 텔레비전의 디자인만 봐도 그렇다. 원래 정해진 모양이 없음에도 불구하고 삼각형이나 원형이 아닌, 네모난 상자 형태로 텔레비전을 만든다. 이처럼 사람들은 스스로 정해진 틀을 만들어 놓고, 그 안에 들어가 안주하곤 한다. 이를 자기방어를 위한 방편으로 생각할 수도 있겠지만, 답답한 틀 안에서 답답한 생각만 한다. 그런 머리에서 좋은 아이디어가 나올 리 없다.

바라보는 방법은 결코 한 가지가 아니다. 때와 장소에 맞게 볼 수 있어야 성장할 수 있고 발전할 수 있다.

다들 힘들 때 잘되는 비결

✲

누구나 경기가 좋기를 기대한다. 그런데 경기가 좋지 않을 때일수록 오히려 잘되는 사람과 회사가 있다. 남들이 문을 닫을 때 오히려 손님들이 찾는 곳이 있다. 그들은 한결같이 말한다. 가장 좋은 기회는 경기가 좋지 않을 때라고.

경기가 좋지 않을 때는 괴롭고 고통스럽지만 이 시기에 오히려 기회를 만난다. 불경기를 경험하면서 그전에는 미처 생각하지 못했던 것을 되돌아보고, 그것으로 위기를 헤쳐나가는 방법을 찾은 이들이 적지 않다. 그래서 불경기일 때 오히려 성장하는 회사가 있다. 조금만 생각을 바꾼다면 불경기는 결코 위기가 아니라는 사실을 깨달을 것이다.

청춘은 마음의 젊음이다

'청춘은 마음의 젊음이다. 마음속에 신념과 희망, 용기가 넘치고, 새로운 일을 멈추지 않는 한 청춘은 영원히 그 사람의 것이다.'

이것은 내가 좌우명으로 삼는 말이다. 당연한 말이지만 사람은 누구나 해마다 나이를 먹는다. 이는 자연의 섭리다. 하지만 나는 나이에 상관없이 젊었을 때와 마찬가지로 하루하루를 새롭게 끌어안으면서 살아갈 수 있다고 믿는다. 그런 정신적인 젊음을 잃지 말자는 것이 오래전부터 나의 바람이었다.

어디에나 그만의 도리가 있다

옛날에는 선비들이 일반 백성들보다 높은 신분으로서 존경을 받았다. 그들의 두터운 학문 때문이기도 하겠지만, 그 자리에 걸맞은 도덕과 수양을 철저히 지켰기 때문에 백성들의 신뢰와 존경을 받을 수 있었던 것이다.

시대는 바뀌었지만 그 정신은 지금도 통한다. 경영자에게는 경영자로서의 도덕과 수양, 직원들에게는 그에 어울리는 도리가 있다. 각자에게 주어진, 해야만 하는 일이 있다. 주어진 일에 책임감을 갖고 일할 때 신뢰관계가 두터워지고 회사를 키울 추진력이 생긴다. 우리가 먼저 해야 할 일은 각자의 위치에서 각자의 도리를 철저히 지키는 것이다.

뜻은 굳게, 그러나 늘 새롭게

리더에게 절실한 것 중 하나는 뜻을 품는 것이다. 무슨 일을 하더라도 뜻을 정하고 마음을 굳게 다져야 성공할 수 있다. 그렇다고 단 한 번의 결심으로 모든 것이 이루어지는 것은 아니다. 중요한 것은 그 뜻을 계속 이어가는 것이다. 이를 위해 리더 스스로 끊임없이 자극하고 늘 생각의 폭을 넓히고 새롭게 해야만 한다.

내게는 사명이 있다

🍁

가치가 있는 것을 훔치면 비난받는 것은 당연하다. 하지만 공원의 수돗물을 마음껏 마셨다고 해서 비난받았다는 말은 들어보지 못했다. 물은 인간이 생명을 유지하는 데 없어서는 안 되는 요소다.

나와 같은 기업가에게는 귀중한 생활물자를 그처럼 풍부하게 제공해야 할 사명이 있다. 아무리 귀중한 것이라도 많이 만들어 공짜와 다름없는 가격으로 인류에 제공할 수 있어야 한다. 이것이 내 경영철학이자, 경영자들의 참된 사명이다.

마음이란 무엇인가

사람의 마음은 논리적으로 가늠하기 어렵다. 어느 쪽으로 가야 할지 이론상으로는 잘 알고 있는데, 막상 일에 부딪히면 마음이 다른 쪽으로 가버리곤 한다. 하지만 곰곰이 생각할수록 마음은 제 멋대로 가는 것이 아니라 어떤 방향이나 규칙이 있는 듯하다.

다양한 경험을 쌓고, 많은 사람들과 어울리면서 진솔한 눈으로 사람과 세상을 바라보고, 자신의 내면을 들여다보는 것. 그것이 마음을 온전히 지키고 내 마음을 다스리는 길이 아닐까 싶다.

인연은 불만에서 비롯된다

✤

나는 고객들이 보내주는 칭찬 편지는 물론이고 불만이 가
득한 편지들에도 고마움을 느낀다. 불평조차 없는 고객은
'앞으로 저 회사 제품은 사지 않겠어'라고 다짐하는 동시에
관계가 끝날 수 있다. 그러나 불만을 표시하는 고객들의 경
우는 다르다. 그 순간만큼은 '더는 이 회사 물건은 사지 않
겠어'라고 생각하겠지만 그들의 불만을 정중히 듣고, 원인
을 파악해, 성심성의껏 대처하면 그 정성이 그들에게 전달
되어 좋은 인연으로 이어지는 경우가 많기 때문이다.
그러므로 불평을 들었을 때는 인연을 맺을 수 있는 좋은 기
회로 여기고 그 기회를 살려야 한다.

부딪치고, 당당하게 깨져라

❋

어느 날, 직원들이 회의실에 모여 활발하게 토론하고 있기에 무슨 일이냐고 물었다. 직원들 중 한 명이 "곧 출시할 이 신제품이 잘 팔릴지 의논하고 있었습니다"라고 대답했다. 그 말을 들은 나는, "그거야 지켜볼 수밖에 없는 것 아닌가. 물론 팔릴지 팔리지 않을지 따져봐야겠지만, 그것도 어느 정도여야지 이렇게 토론만 한다고 달라질 게 있겠는가? 부딪쳐 보는 수밖에 없네. 그러고 나서 그 제품을 구매한 고객들에게 물어보는 것 말고는 방법은 없네"라고 말했다.

궁리했다면 용기를 내어 행동하는 것. 이것은 사업에만 절실한 것이 아니다. 정치나 일상생활에도 절실하다.

해묵은 빚은 우리의 몫

소모적인 당파싸움, 현실을 외면한 교육, 지나친 경쟁, 그리고 나만 앞세우는 태도로 인해 우리는 의식하지 못하는 사이에 엄청난 사회적인 손실을 초래했고, 일의 능률 역시 떨어졌다. 이런 상황이 계속되다 보니 물가는 급격하게 올라갔고, 결국은 지금에 이르렀다. 배려해야 할 것을 외면했고, 반드시 고쳐야 할 것을 그대로 내버려둔, 지난 오랜 시간 동안 쌓였던 빚이 지금 몰려온 것이다.

이 빚을 후대에 물려주어서는 안 되고, 이 시대를 사는 우리 모두가 그 몫에 맞게 나누어 청산하지 않으면 안 된다. 힘들겠지만 지금이 아니면 안 된다. 그리고 그보다 앞서야 할 것은 그 빚을 덜어낼 각오가 서 있느냐는 것이다.

사람부터 만들고 시작하라

오래 전 일이다. 고객이 우리 회사의 직원들에게 "마쓰시타 전기는 무엇을 만드는 회사입니까?"라고 묻는다면 "마쓰시타전기는 사람을 만들고, 더불어 전기제품도 만드는 곳"이라고 답하라고 말한 적이 있다.

그때 나는, 사업은 사람에게 달렸기 때문에 사람을 키우는 것이 먼저고, 제 몫을 하지 못하는 직원과 같이 하는 사업은 성공할 수 없다고 생각했다. 그래서 그런 말을 누누이 했다. 그런 분위기가 회사 안에 깃든 덕분에 기술과 자금, 신용이 부족한 속에서도 다른 회사들보다 앞서갈 수 있었다. 경쟁 회사들보다 더 강력한 성장 원동력을 가질 수 있었다.

회사의 신용은 어디에서 오는가

🍁

당신이 속한 회사에 결점이 있다면 이를 회사 안에서 성심을 다해 검토하고 없애도록 힘써야 한다. 그와 동시에 그 결점이 외부로 흘러나가지 않도록 철저히 주의해야 한다. 극단적으로 들리겠지만, 가족에게도 비밀로 할 정도의 신념이 있어야 한다.

이 점을 모든 직원들이 받아들이고 일한다면 회사의 신용은 두터워질 것이다. 이것이 회사와 직원들 모두에게 득이 되며, 나아가 회사의 사명을 수행하는 힘이 되어줄 것이다.

늘 융통무애하라

❀

'융통무애(融通無碍)'라는 말이 있다. 이 말이 낯선 사람도 있을 것이다. 길을 걷고 있는데, 당신 앞에 큰 바위가 굴러 와서 가던 길을 막았다면 어떻게 하겠는가? 바위를 기어 올라가 넘어가는 것도 한 가지 방법이겠지만, 만약 그것이 힘들다면 바위를 피해서 다른 길로 돌아가는 것도 방법이 될 수 있다. 이처럼 '거침없이 통하여 막히지 않는다'는 뜻으로, 사고나 행동이 자유롭고 막힘이 없는 것을 융통무애라고 한다.

때로는 돌아서 갈 길조차 없을 때도 있을 것이다. 그때는 다른 길을 찾으면 된다. 현실이 아무리 험난해도 상황에 휘둘리지 않으며, 상황을 기꺼이 받아들이고, 언제나 융통무애를 가슴에 새긴다면 길 역시 보일 것이다.

단점은 4할, 장점은 6할

❧

사람은 누구나 장점과 단점을 갖고 있다. 특히, 많은 사람을 이끌어 가는 리더나 경영자라면 그들이 갖고 있는 다양한 장점과 단점을 눈여겨볼 것이다. 그런데 단점만 눈여겨보는 성격이라면 직원을 믿고 일을 온전히 맡기기가 힘들 것이고, 그 직원도 일에 대한 흥미를 잃을 것이다. 반면에 장점을 눈여겨보는 사람이라면 직원들의 장점을 살릴 수 있는 방법을 찾고, 큰일도 믿고 맡길 수 있을 것이다. 직원들도 자신의 장점을 인정받았다는 사실에 기뻐할 테고, 자연스럽게 자신이 맡은 일에 최선을 다할 것이다.

그렇다고 장점만 보라는 뜻은 아니다. 단점은 사 할, 장점은 육 할을 보는 것이 좋다고 말하고 싶을 뿐이다.

과잉경쟁은 죄악일 뿐

서로가 적정한 경쟁을 펼치는 것은 서로의 성장을 위한 일이지만, 과잉경쟁은 죄악이다. 특히 대기업이나 업계를 선도하는 기업일수록, 남들보다 높은 자리에 오른 사람일수록 스스로를 경계해야 한다. 선도하는 기업이나 힘 있는 사람이 의연하면서 올바른 방법으로 이끌어간다면 시장과 사회가 혼란스러울 일은 없다.

시장을 선도하는 기업이 먼저 과도한 경쟁에 뛰어들거나 힘 있는 사람이 그 위력을 과시하면 관련 업계는 피폐해질 것이며, 해당 기업들의 신용은 땅에 떨어질 것이다. 세상의 질서는 무너질 것이다. 남들보다 앞설수록 책임도 그만큼 크다는 사실을 명심해야 한다.

옷과 밥이 충분해야 예절을 안다

'옷과 밥이 충분해야 예절을 안다.' 이는 중국에서 이천 년 전부터 전해 내려오는 말이다. 요즘 들어 이 말이 더더욱 절실해진다. 지금 이 말은 '입고 먹는 것이 충분하면 예절이 문란해진다'로 변질되고 있다. 안타깝고 안타까운 일이다. 지금 당신에게는 당신의 행복과 성공 외에도 나라에 봉사하고, 사회를 번영시키며, 사람들을 행복하게 해야 할 의무가 있다. 이를 위해서는 자기중심적인 생각과 행동을 반성하고, 스스로 경계하기를 절대로 게을리 해서는 안 된다.

근심은 먼저, 기쁨은 나중에

✾

'선우후락(先憂後樂)'은 근심할 일은 남보다 먼저 근심하고, 즐거워할 일은 남보다 나중에 즐거워하라는 사자성어다. 이는 어떤 일을 하더라도 누구나 마음에 새겨야 할 가르침이다.

물론 가끔은 놀고 싶을 때도 있다. 하지만 그럴 때라도 노는 데만 빠져서는 안 되며, 마음은 늘 앞날을 고민하고 있어야 한다. 남보다 앞서 생각하고 일을 판단해야 한다. 특히 정치인과 경영자라면 더더욱 그렇다.

거짓으로 꾸미지 마라

자랑처럼 들리겠지만, 나는 나를 잘 보이기 위한 사탕발림을 하지 않았고, 거짓된 언행을 삼가고자 애썼다. 그것은 쉬워 보여도 지키기란 여간 어려운 일이 아니다. 특히 출세욕에 사로잡힌 사람일수록 자신을 내세우려는 경향이 강하기 때문에 더더욱 어렵다.

하지만 명심하라. 사람에게는 저마다 개성이 다르고, 그 때문에 아무리 자신을 미화시키려 해도 본성은 감출 수가 없다. 애써 감춘다고 해도 본성은 반드시 밝혀지게 마련이다. 그 가면이 벗겨질 때 신뢰도 함께 무너진다. 그래서 나는 세상에서 가장 안전하고 가장 빠른 처세술은 정직이라고 믿는다.

모두를 할 수 없다면

🍁

회사를 경영하다 보면 여러 문제가 한꺼번에 몰려 고민스러운 경우가 많다. 하지만 나는 그동안의 경험에서 인간은 여러 가지 고민을 동시에 할 수 없다는 사실을 깨달았다. 가장 큰 문제에 먼저 매달리고, 다른 고민들은 그 뒤로 밀린다는 것을 깨달았다.

결국 고민이 백 개거나 천 개라도 단 한 가지만 먼저 해결하면 된다. 도저히 털어내지 못할 문제가 있다면 그것과 씨름하면 되고, 그러다 보면 일하는 보람도 찾을 수 있다. 이렇게 생각하고 용기 내어 앞으로 나아가면 길도 열릴 것이다.

무엇을 위해 일할 것인가

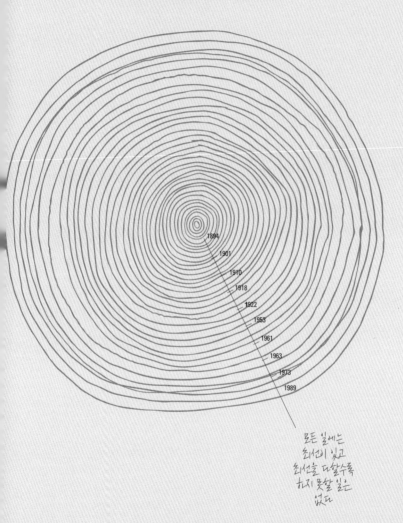

1894
1901
1910
1918
1922
1953
1961
1963
1973
1989

모든 일에는
최선이 있고
최선을 다할수록
하지 못할 일은
없다

당신은 특별하다

이 세상에 완전한 불행이란 없다. 불행과 행복이 절반씩 섞여 있을 뿐이다. 이를 받아들여야 한다. 일이 잘 풀리면 기분이 들뜨고 제대로 풀리지 않으면 비관한다. 감정은 때로는 흥을 북돋아주지만, 우리가 가진 가장 큰 약점이기도 하다. 들떠서 일을 그르치기도 하고, 두려워 망설이기도 한다. 감정을 버릴 수 없다면 이를 조절하면서, 신념과 희망을 갖고 앞으로 나서야 한다.

그러다 보면 깨달을 것이다. 하늘은 많은 재능을 내리지는 않지만 누구와 비교할 수 없는 한 가지 특별한 재능은 준다는 것을.

좋아하는 것이 먼저다

흔히 "무슨 일이든 좋아해야 잘하는 법이다"라고 말하는데, 이 말은 일이나 사업을 할 때도 마찬가지다. 자기 일이나 회사를 키우고 싶다면 우선 그 일에 흥미를 갖고 그 일을 좋아해야 한다. 좋아하면 노력이 고통으로 느껴지지 않는다. 오히려 노력은 즐거움이 된다. 단지 해야 할 일이라서, 먹고살기 위해 일한다고 생각하지 말고, 자신의 능력을 다해야 뜻하는 것을 이룰 수 있다.

적재적소라는 말이 있다. 장사를 좋아한다면 장사를 하라. 그것만이 무리 없이 뜻한 목표를 이루는 방법이 될 것이다.

누구나 혼자 살 수는 없다

사람들은 서로를 의지하며 살아간다. 그렇기 때문에 공동 생활을 잘하기 위해 어떻게 해야 하고 모두가 잘살기 위한 방법은 무엇인지를 찾아야 한다.

석가모니는 "인연 없는 중생은 제도할 수 없다"고 했다. 가능하다면 서로를 인연이라는 고리로 연결해야 옳지 않을까. 서로가 있는 그대로의 모습을 인정하고, 조화로써 성장하는 길을 궁리해야 한다. 그것이 인간으로서 해야 할 도리다. 우리 모두가 함께 살고 함께 발전하는 것. 지혜를 모아 그 길을 걸어가기를 바란다.

왜 회사를 경영하는가

✦

일반적으로 기업은 이익이 우선이라고 말한다. 분명히 기업이 발전하기 위해서는 이익을 내야 한다. 하지만 그 자체가 기업을 운영하는 궁극적인 목적은 아니다. 사업을 통해 공동생활을 향상시키며, 이 사명을 다할 때 이익은 나오고, 그런 마음가짐으로 이익을 내야 한다.

기업을 경영하는 것은 본질적으로 개인을 위해서가 아니라 사회를 위해 이루어져야 하며, 기업은 사회를 발전시키고 윤택하게 하는 도구여야 한다. 그러므로 아무리 작은 회사라도 나만 위할 것이 아니라 어떻게 하는 것이 사회에 도움이 될지를 궁리해야 한다.

어떤 일에도 기쁨을 담아라

일을 통해 사람들에게 기쁨을 줄 수 있고 사회도 발전시킬 수 있고, 그런 자세만이 어떤 일도 사명감을 갖고 임할 수 있다.

만약 카드를 만드는 회사의 직원들이 아무리 놀이라도 카드는 나쁜 것이라고 여긴다면 그 회사의 경영이 제대로 될 리 없다. 열심히 일한 어떤 사람에게는 친한 이들과 어울려 즐기는 카드놀이가 기분을 전환시켜준다. 그런 기쁨과 행복을 위해 카드를 만들고 있다고 생각하면 자기가 맡은 일에 당당하게 임할 수 있다. 이처럼 직원들 모두가 세상을 위하고, 긍정적인 마음으로 일한다면 회사가 발전하는 것은 결코 어렵지 않다.

나를 아끼듯 나라를 아껴야

최근 '세계는 하나'라고 외치는 이들과 '그래도 자국의 이익이 우선'이라는 이들의 논쟁이 팽팽하다. 그런데 자세히 들여다보면 국가의식이 희박한 것이 더 큰 문제가 아닐까 싶다. 인생관이 올바르고, 자존감이 분명하며, 국가관이 뚜렷해야만 다른 사람을 대할 때 교만하거나 아첨하는 일 없이 사이좋게 어울릴 수 있다. 나라도 마찬가지다. 국민들의 국가관이 올바를 때 외국과도 떳떳하게 교류할 수 있다. 지나쳐서도 안 되지만 모자라서도 안 된다.

오늘, 나는 열심히 살았다

경험은 반드시 실패나 성공으로만 얻어지는 것일까? 나는 절대로 그렇지 않다고 생각한다. 하루를 마무리하면서, 내가 오늘 정말 열심히 살았는지 잘했는지 돌아보고, '그건 조금 부족했던 것 같은데, 좀더 좋은 방법은 없었을까?' 고민한다면 그것 역시 더할 나위 없는 경험이다.

특별한 체험만이 아니라, 매일 반복하면서 놓치기 쉬운 일들도 나만의 경험으로 차근차근 쌓아가려는 자세를 결코 놓지 마라.

고객은 가치를 산다

가격은 서비스나 배송을 비롯해 여러 가지 편의에 대한 종합적인 가치판단으로 결정되는 것이지 단순히 옆 가게가 얼마를 받으니까 우리는 얼마를 받겠다는 식으로는 제대로 된 장사를 할 수 없다.

만약 당신이 상점을 운영하고 있다고 가정해보자. 다른 상점에서는 만 원 하는 물건을 당신의 상점만 만오백 원에 팔 때, "왜 다른 곳보다 비싸죠?" 하고 손님들이 물을 것이다. "같은 제품이기는 하지만 우리는 덤을 드립니다", "무엇을 덤으로 주는데요?", "저희는 신용을 덤으로 드립니다"라고 답할 수 있는가? 이처럼 믿음과 땀을 더해 가격을 결정할 수 있는지가 장사의 비결이다.

한 걸음의 소중함

이것도 만들고 싶고 저것도 만들고 싶다. 이런 물건이 있으면 편할 텐데, 저런 것도 가능하지 않을까 궁리한다. 하고 싶은 일을 하려면 도와줄 사람이 있어야 하고, 자금이 많았으면 좋겠다는 생각까지 끝이 없다. 하지만 목표를 이루려면 한 걸음 한 걸음 앞으로 나아가는 것 말고는 다른 방법은 없다.

목표를 향해 열려 있는 길을 한 걸음씩 내딛는 것만으로도 충분하다. 이 길에는 기술이나 전략도 필요 없다. 한 걸음, 두 걸음, 그리고 세 걸음, 이렇게 한 걸음씩 밟아 나가면 꿈 꾸는 목표에 다다를 수 있다.

동행이인

나는 학력이 짧은 탓에 항상 다른 사람에게 가르침을 구했다. 나 혼자였으면 평생 찾지 못할 것도 함께했기에 수월하게 길을 찾았고, 회사도 지금의 자리에 올라설 수 있었다. 동행이인(同行二人). 이 말에는 어디에 있거나 어디를 가더라도 나는 혼자가 아니며, 언제나 누군가와 함께한다는 의미가 담겨 있다. 같이 할수록 힘은 반으로 줄고, 혼자 갈 때와는 달리 깨달음을 얻는다.

혼자여서 좋을 때도 있지만 함께하기에 세상은 발전하고, 사람 역시 성장하는 법이다.

내 나라를 사랑하는 것

우리나라는 짧은 기간에 눈부신 성장을 이룩했는데도 불구하고 우리 국민들에게서 애국심이라는 말이 나오지 않는 것이 안타깝다. 어쩌다 이 말이 들리더라도 다들 이를 반기는 것 같지도 않다. 애국심은 나라 사랑이 지나쳐서 다른 나라와 싸우는 것이라고 여기는 이들도 있다.

그러나 애국심은 결코 그런 의미가 아니다. 내 나라를 사랑하면 할수록 이웃 나라들과 사이좋게 지내면서 우호를 다져 나간다. 나를 사랑하듯 내 나라를 사랑하고 이웃 나라를 사랑하게 될 때 우리의 행복도 커질 것이라고 믿는다. 이런 분위기 속에서 서로를 북돋아주면서 사는 것이 국민으로서의 중요한 사명이 아닐까.

부하직원의 제안을 기뻐하라

직원들 모두가 즐겁게 일하는 분위기를 만들려면 상사나 선배가 부하직원과 후배의 제안을 흔쾌히 받아들일 수 있어야 한다. 그것이 비록 당장은 적용할 수 없는 제안이라고 하더라도 그의 열의와 열정을 충분히 받아들여주어야 한다. 아무리 사소한 의견이라도 받아주고 북돋아주는 분위기를 만들어주어야 한다.

부하직원의 제안에 "이래서 되겠어?", "이것도 별로야"라고 한다면 '제안해봤자 거절당할 텐데 하지 말자'고 생각할 것이고, 주어진 일만 하게 될 것이다. 그러면 결코 회사는 진보나 향상을 기대할 수 없다.

내 스스로 크지 못한다면

자신이 한 해 동안 얼마나 성장했는지, 기술이나 사회를 바라보는 눈이 얼마나 달라졌는지를 가늠할 수 있는 기계가 있다면 쉽게 파악할 수 있겠지만, 애석하게도 개인의 활동능력, 지혜나 재치와 같은 종합적인 능력이 얼마나 커졌는지를 잴 수 있는 기계는 없다.

하지만 자신의 능력이 얼마나 늘었는지는 말할 수 있어야한다. 이를 위해서는 혼자의 힘으로 얼마만큼의 일을 해왔는지 돌아볼 줄 알아야 한다. 개인의 실력이 늘지 않고서는 사회는 성장하지 않는다.

"외모도 상품입니다"

나는 외모에 관심이 없어서 아무렇게나 하고 다녔다. 그러던 어느 날, 한 이발소에 들렀고, 그곳의 이발사는 내게 이렇게 말했다.

"손님께서는 외모를 소홀히 하고 계십니다. 그것은 상품을 훼손하는 것과 같습니다. 한 회사를 대표하는 분께서 이렇게 다니면 회사의 제품도 안 팔리지 않을까요? 지방에 있더라도 머리를 멋지게 손질하려고 도쿄로 간다는 각오가 없으면 큰 성공을 바랄 수 없다고 생각합니다."

그 이발사의 말에 감동한 나는 그날 이후 외모에 신경 쓰기 시작했다. 그에게서 이 시대를 사는 귀중한 교훈을 얻었다.

자기관조

반성할 줄 아는 사람은 자신을 잘 알고 있는 사람이다. 이는 자신을 열심히 관찰하기 때문에 얻어지는 결과다. 나는 이를 자기관조라고 부르는데, 밖에서 나를 똑바로 바라보는 것을 말한다. 이것이 가능한 사람은 솔직하고 사심 없이 자신을 이해할 수 있다.

자신을 관조할 줄 아는 사람은 실수하는 일이 거의 없다. 내 능력은 어느 정도인지, 내게 맞는 적성은 무엇이고 결점은 무엇인지 어떤 일에도 흔들리지 않고 자연스럽게 찾아낼 수 있다.

책임자의 고독

조직의 책임자가 되면 부하직원들은 물론이고 함께 일했던 이들도 그를 다르게 보기 시작한다. 정작 본인은 변한 것이 없는데도 불구하고 주변에서 자신을 특별하게 보고, 책임자가 될수록 스스로 결정하고 그에 따른 책임도 스스로 져야 한다. 이 때문에 책임자는 자기의 바람과는 상관없이 점점 더 많은 외로움을 느낀다. 흔히 말하는 고독한 자리에 앉는다.

그렇기 때문에 그 자리에 있는 사람일수록 사소한 소리에도 귀를 기울여 듣는 겸허한 자세를 가져야만 한다.

삶도 죽음도 생성발전

나는 인생을 생성발전(生成發展), 즉 나날이 새로운 것이라고 말하고 싶다. 인간이 태어나고 죽는 현상은 생성발전의 하나로, 태어남과 죽음 역시 발전의 과정이라고 본다.

인간은 지금까지도 본능적으로 죽음을 두려워하고 피하며 공포를 느껴 왔다. 이것은 감정을 지닌 인간으로서 당연한 일이다. 그러나 우리는 생성발전의 원리에 따라 죽음이란 두려워하거나 슬퍼하거나 고통스러워 할 대상이 아니라, 생성발전의 한 과정에 지나지 않음을, 만물이 생장하는 하나의 현상이라는 사실을 깨닫고, 죽음 속에서도 기쁨을 찾을 수 있어야 한다.

이념은 같지만 실천은 다르게

민주주의의 기본 이념은 매우 바람직한 것이며, 이를 받아들인 국가와 국민들이 조화를 이루며 발전과 번영을 도모하는 것은 대단히 중요한 일이라고 할 수 있다.

그렇지만 민주주의는 그 나라만의 전통과 국민성을 바탕으로 실현되어야만 한다. 기본 이념은 같아도 구체적인 형태와 각국의 국민성에 의해 다양한 모습이어야 한다. 자국의 전통을 잊은 채 무조건 미국이나 프랑스 식 민주주의를 따라 한다면 그것은 뿌리 없는 나무가 되고 말 것이다.

최선 위에 최선 있다

회사는 언제나 모든 일에 최선을 다하고 있다고 여기며, 직원들 역시 최대한의 노력을 기울이고 있다고 생각한다. 하지만 입장을 바꿔, 고객의 입장에서 보면 좀더 고민해야 할 부분이나 바꿔야 할 점들이 보이는데, 이는 당연하다.

모든 일에는 최선 위에도 최선이 있고, 최선을 다할수록 이루지 못할 일은 없다. 한 계단 한 계단 차근차근 밟아 올라가듯, 고객의 소리를 들을 때마다 눈과 귀를 열고 검토하는 일을 멈춰서는 안 된다. 의견을 받아들여 고쳐야 할 점이 있다면 반드시 개선해야만 한다.

용서할 때와 분노할 때

리더라면 남들이 나를 괴롭힌다고 사적인 감정을 드러내며 화를 내는 것은 금해야 한다. 하지만 공공의 입장에서 무엇이 옳고 그른지를 생각하고, 용서할 수 없는 일이라고 판단될 때는 분노할 줄 알아야 한다.

리더는 리더로서 분노할 수 있어야 하고, 경영자는 한 기업의 선도자로서 분노할 수 있어야 한다. 그렇지 않으면 모든 직원을 아우를 수 없다. 더구나 요즘처럼 전 세계가 어려운 시기를 맞아, 풀기 어려운 문제들이 산더미같은 때일수록 리더는 마땅히 사사로운 감정을 버리고, 조직의 성장과 발전을 위해, 공공의 이익을 위해 분노할 줄 알아야 한다.

진인사대천명

나는 지금도 자주 진인사대천명(盡人事待天命)을 되새긴다. 우리의 일상 속에는 번거로운 문제들이 많다. 그래서 고민하고, 비관도 하며, 일에 대한 의욕이 떨어질 때도 있다. 이것은 누구나 피할 수 없겠지만, 그럴 때마다 나는 확신하는 일에는 누구보다 몰두한다. 결과는 하늘에 맡기고, 일의 성과는 사람들에게 평가를 받는다.

아무리 고민해도 도저히 해결할 수 없는 문제는 언제나 찾아온다. 그래서 망설이는 것도 당연하다. 그럴 때, 하나를 포기하는 것은 물러나는 것이 아니라 앞으로 나아가기 위한 방법이기도 하다. 내가 할 수 있는 일을 다 한 후, 나머지는 하늘의 뜻에 맡길 뿐이다.

서로를 이해하고 응원한다는 것

판매팀은 상품에 관련된 기술과 제조 부서의 개발에 대한 노력을 생각하고, 기술팀과 제조팀은 판매 부문의 노력을 고마워하며 열심히 제품을 만든다. 그리고 경리팀은 조금이라도 더 이익을 남길 수 있도록 기술, 구매, 제조, 판매를 비롯해 모든 부문에서 땀 흘리며 애쓰는 이들을 생각하며 최대한의 노력을 기울인다.

이처럼 모두가 각자의 위치에서 할 수 있는 최선을 다하고, 뜨거운 마음으로 서로를 이해하고, 각자 맡은 성과를 내며, 그 성과를 모두가 기뻐할 때 비로소 모든 부문의 발전도 가져올 수 있다.

사회를 탓하기 전에

최근 교육이 한쪽으로 치우쳐 있다고 여기는 사람들이 많은 듯하다. 하지만 나는 교육은 물과 같다고 생각한다. 사람이 살기 위해서는 물은 절대적으로 필요하다. 만약 물에 어떤 불순물이 들어가 있고, 그것을 마신 사람이 병에 걸렸다면, 그 때문에 한 방울의 물도 마시지 못한다면 어떻게 될까? 이 경우, 절실한 것은 물의 가치와 효용을 부정하는 것이 아니라 물 속에 있는 불순물을 제거하는 것이다.

지난날의 교육에 잘못된 부분이 있다고 해서 교육 자체를 부정하는 것은 교육의 가치마저 부정하는 것이다.

원칙이 서야 결과도 분명하다

오사카 성은 불과 일 년 반이라는 짧은 기간에 지어졌는데,
그것이 어떻게 가능했는지는 지금도 의문으로 남아 있다.
가장 근접한 해답은 성의 축조에 앞서, "공을 세운 자에게
는 막대한 보상을 해주겠다"고 약속했거나, "게으름을 피우
는 자는 옥에 넣는 것으로 끝내지 않고, 가차 없이 목을 벨
것이다"라는 원칙이 섰기 때문일 것이다. 모두가 목숨을 지
키기 위해 필사적으로 일했고, 일을 잘한 경우에는 막대한
보상도 받을 수 있었기에 더 힘을 냈을 것이다.

잘하면 상을 주고 못하면 벌을 내리는 것은 예나 지금이나
사람이 존재하는 한 당연하며, 이는 앞으로도 변하지 않는
진리다.

완전무결한 사람은 없다

이 세상에 완전무결한 사람은 있을 수 없다. 때로는 성공하기도 하고 때로는 실수를 저지르기도 한다. 이는 사람이기 때문에 어쩔 수 없으며, 오히려 당연하다.

하지만 잘못한 일과 올바르게 행동한 경우를 비교해 잘못한 일이 많다면 그것은 바람직한 삶이라고 할 수 없다. 내 자신에게 점수를 주었을 때, 나는 최소한 칠십 점 이상은 된다고 자부한다. 당신은 당신 자신에게 몇 점을 줄 수 있는가? 그 점수를 당당하게 말할 수 있는가?

때를 기다리는 마음

막다른 길까지 내몰린 회사를 보면, 대부분 일감이 줄어들었을 때 무리해서라도 주문을 받으려고 한다. 회사를 살리기 위한 방편이었겠지만 이 때문에 회사는 오히려 막대한 손실을 입고 도산하곤 한다. 이와는 반대로, '한가해진 것은 어쩔 수 없다. 일시적인 상황이라고 생각하고, 이번 기회에 평소 소홀했던 고객들에게 서비스를 해드리자', 혹은 '점검해야 할 기계들을 손질하자'는 회사들일수록 좋은 기회를 만나 발전하는 경우가 많다.

말처럼 쉽지는 않겠지만, 아직 때가 아니라고 생각될 때는 잠시 쉬면서 때를 기다리는 것이 최선이기도 하다.

"그러니까 그 회사가 잘되지"

예전에, 불량 부품이 들어간 제품이 단골 고객에게 배송된 적이 있었다. 물건을 받은 고객은 화난 얼굴로 우리 회사를 찾아왔다. 하지만 그는 일에 몰두해 있는 우리 직원들을 보고는 오히려 우리 회사에 대한 신용만 높아졌다.

나는 그 경험을 통해 자기가 맡은 일에 성실하고 열심히 임하는 것이 얼마나 큰 힘이 되는지 깨달았고, 그것이 다른 사람을 끌어당기며, 그들의 의욕까지 높인다는 것을 깨달았다.

모든 일에 감사하고 감사하라

감사하는 마음은 없어서는 안 될, 매우 소중한 것이다. 인류의 행복과 기쁨을 만드는 근원 역시 감사하는 마음이다. 감사하는 마음 없이는 결코 행복할 수 없다.

감사하는 마음이 커질수록 그것에 비례하여 행복도 커진다. 감사하는 마음을 행복의 안전장치라고 말할 수 있는 이유도 여기에 있다. 이 안전장치를 잃어버리는 순간 행복은 멀리 달아난다. 그만큼 감사하는 마음은 중요하다.

건강을 챙기기 전에 마음부터

회사생활을 하면서 가장 중요한 것은 건강으로, 여기서 말하는 건강은 몸과 마음의 건강 모두를 일컫는다. 재능이 아무리 뛰어나더라도 건강을 잃으면 제대로 일할 수 없으며, 그 재능을 제대로 살려보지도 못한 채 끝나고 만다.

사람들에게 건강을 지키기 위해 가장 절실한 것은 무엇이냐고 묻는다면 아마 충분한 영양 섭취와 휴식이라고 답할 것이다. 하지만 이보다 더 중요한 것은 마음가짐이다. 열성적으로 일에 몰두하는 사람은 다소 바쁘더라도 피곤함을 느끼지 않는다.

3
진정 가꾸어야 할 것은

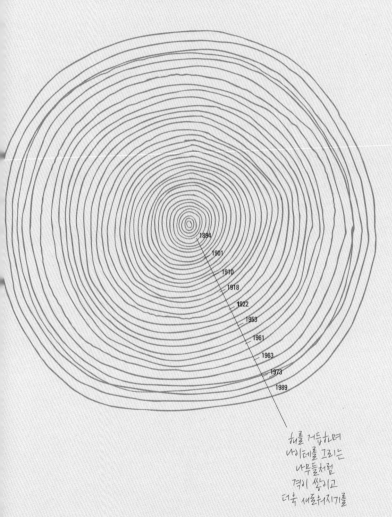

1894
1901
1910
1918
1922
1953
1961
1963
1973
1989

해를 거듭하며
나이테를 그리는
나무들처럼
격이 쌓이고
더욱 새로워지기를

참된 용기

용기는 어떤 한 가지 정의에만 매달리지 않으며, 양심에 따라 옳다는 판단이 서야만 우러난다. 스스로에게 묻고 스스로 답하며 무엇이 옳고 그른지 고심해야 한다. 그리고 이것만큼은 결코 양보할 수 없는 진실이라고 생각하거나, 그 진실이 통하도록 만들겠다는 확고한 신념이 선다면 비록 나약한 사람이라도 엄청난 힘을 발휘할 수 있다. 이것이 내가 깨달은 참된 용기다.

마음이 곧 습관이다

매일 아침, 업무를 시작하기 전에 조례를 하는 회사들이 많다. 회사가 순조롭게 성장하고 시장의 평가 역시 좋아지면 은행 대출도 쉬워지고 사업도 수월해진다. 그렇게 상황이 좋아지면 처음에는 모두가 진지한 자세로 임했던 조례가 느슨해지고, 결국에는 형식적인 행사가 되고 만다. 사장과 직원들이 정신을 바짝 차려야 할 때가 바로 이때다.

조례를 할 때는 혼을 담고, 항상 마음을 기울여야 한다. 그런 열의와 열정이 없다면 형식적인 조례로는 어떤 일도 이루어지지 않는다.

내가 '댐 경영'을 주창하는 이유

🍵

댐은 하천의 물을 막아서 모아 두었다가 계절이나 날씨에 상관없이, 언제 어느 때라도 필요한 양의 물을 사용할 수 있게 해준다.

내가 주창하는 '댐 경영'은 댐의 역할을 경영에 접목시켜 외부의 여러 가지 변화에도 영향을 받지 않고 꾸준히 발전하려는 의지를 말한다. 설비의 댐, 자금의 댐, 인원의 댐, 재고의 댐, 기술의 댐, 기획 및 제품개발 댐 등과 같이 여러 부문에 댐을 설치하는 것, 바꿔 말하면 여유와 융통성을 확보하는 것은 크든 작든 회사를 경영하는 데 매우 중요하다.

주어지기 전에 스스로 찾아야

얼마 전 사내 직원들을 대상으로 광고담당자를 모집한다고 공고했는데 단 한 명의 지원자도 나오지 않는 일이 벌어졌다. 그런 일은 회사가 알아서 담당자를 추리는 것이지 지원하는 것이 아니라는 말도 떠돌았다. 만약 이것이 사실이라면, 회사가 전 직원들의 적성을 속속들이 파악하고 있지 않으면 안 된다는 말이 된다. 그러나 직원이 많을 때는 아무리 인사팀에서 열심히 한다고 해도 직원들을 모두 파악하고 적절하게 자리를 이동시키는 것은 불가능하다.

자리이동은 회사가 시키는 것이기도 하겠지만, 결국에는 스스로 하는 것이다.

촌장, 사냥꾼, 그리고 여우

♈

사냥꾼은 촌장을 어려워하지만 여우에게 단단히 홀린 촌장은 여우에게만은 약하다. 또, 여우는 사냥꾼의 총에 맞을지도 모른다는 두려움에 사냥꾼을 무서워한다. 결국, 이 셋 중에서 누가 제일 뛰어난 존재인지는 아무도 모른다.

이와 비슷한 경우는 지금도 찾을 수 있다. 어떤 승부에서 이긴 사람만 훌륭하고 진 사람은 그렇지 않다고 할 수 없고, 가르치는 사람만 훌륭하고 배우는 사람은 그렇지 않은 것도 아니다. 모든 것이 존중받아야 할 삶, 저마다 특별하게 살아간다고 받아들일 일이다. 이렇게 생각하면 기꺼이 남을 도와줄 수 있으며, 도움을 받으면서 일할 수 있다.

불안에 도전하라

어떤 시대라도 완전한 평화를 누렸던 때는 없었다. 정도의 차이는 있더라도 불안과 동요는 늘 역사와 같이 할 수밖에 없다. 그것이 인간 본연의 모습이다. 하지만 그런 시대라도 불안에 떨고 있거나 해야 할 일을 하지 않고 허둥대서는 어떤 것도 얻을 수 없다.

불안하더라도 과감하고 용감하게 맞서 싸우고 돌파해야만 한다. 어려운 업무, 까다로운 요구에 직면했을 때도 불안하겠지만 두근거림을 느껴야 한다. 그리고 내 안에 잠든 무수한 아이디어를 끌어내어 문제를 슬기롭게 해결해야만 한다.

그는 이렇게 말했다

"국가에 공로가 있는 사람에게는 녹봉을 주어라. 그러나 공로가 있다고 해서 지위를 주어서는 안 된다. 지위를 내릴 때는 그가 받을 지위에 걸맞은 견식이 있는지를 봐야 한다. 공로가 있다고 해서 견식도 없는 자에게 지위를 부여하는 것은 나라가 무너지는 근원이다."

메이지유신 때 중심적인 역할을 했던 사이고 다카모리는 이런 유훈을 남겼다. 이는 국가에 대한 것이지만 기업을 경영하는 데도 적용된다. 회사에 큰 공을 세운 사람은 당연히 중역으로 올라갈 것이라고 생각한다. 하지만 주의하지 않으면 안 된다. 공로가 있는 사람에게는 상으로 보답하고, 견식이 있는 사람에게는 지위를 주는 것이 마땅하다.

이익은 시작에 있다

예로부터 '이익은 시작에 있다'고 말하는데, 나는 이를 이익은 능숙한 구매로부터 나오는 것이라고 받아들인다. 우선, 좋은 물건을 살 때는 되도록이면 유리하게 적정가격으로 구입한다. 여기서부터 이익이 생기기 시작한다. 이것이 이익은 시작에 있는 것이라고 생각하며, 실제로도 구매를 중요하게 생각하는 이유이기도 하다.

그런데 '이익은 시작에 있다'는 말을 단지 가장 싼 값에 물건을 구입하면 되는 것으로 오해하는 이들이 있다. 이는 잘못된 생각이다. 판매자를 내 단골 고객처럼 소중하게 대해야 한다. 이런 마음가짐이 없으면 사업은 번창할 수 없다.

사흘간의 심부름

'사흘간의 심부름'을 아는가? 비록 사흘 동안 심부름만 하면 되는 일일지라도 평생의 직업을 대하는 마음가짐으로 진지하게 임하면 반드시 거기에서 큰 것을 얻는다는 뜻이다. 그렇게 하면 어떤 경우에도 동요하지 않는, 강한 정신이 몸에 스며든다.

이 말에 "내 일과 연관 있다면 최선을 다하는 게 당연한 거죠"라고 대꾸하는 이들도 있을 것이다. 하지만 내 경험을 비추어 보면 지금 주어진 일에 최선을 다하려는 마음이 없는 사람은 다른 일을 하더라도 결코 좋은 결과를 낼 수 없다.

우리가 가꾸고 보존해야 할 것

나는 우리나라가 지금까지 이어온 세 가지 정신을 세계 어느 나라보다 훌륭하게 여긴다. 하나는 남을 해하지 않는 마음이다. 둘째는 품앗이처럼 아무런 이익을 바라지 않으면서도 여럿의 힘을 모아 일하는 협동정신이다. 세 번째는 중심을 지키는 것이다. 아무리 바깥의 물결이 거세도 내 것을 지키면서 물결을 받아들였으며, 그런 중심이 바로 섰기에 오늘날 우리나라가 이만큼 발전했다고 확신한다.

남을 해하지 않는 마음, 협동, 중심이라는 세 가지 정신을 앞으로도 소중히 가꾸고 보전하기를 바란다.

맛은 글로 알 수 없다

수영 강사가 일 년 동안 수영을 강의했다고 해서 수강생들이 수영을 잘할 수 있을까? 아니다. 물 속에 들어가지 않는 한 절대로 헤엄칠 수 없다. 소금도 마찬가지다. 소금을 맛본 적이 없는 사람에게 '소금은 짜다'고 해도 그 맛을 모른다. 소금의 짠맛은 직접 맛본 후에야 비로소 '아, 이것이 소금의 짠맛이구나' 하고 깨우친다.

이는 처세에 대한 조언이기도 하다. 인생을 살면서 중요한 일들을 터득해가는 것도 소금의 맛을 아는 것처럼 그것을 해보고, 그것을 꼼꼼히 생각하면서 이어갈 때 가능하다.

안이하게 타협하지 마라

일을 하거나 장사를 할 때는 적당히 타협해서는 안 된다. 스스로 이해하기 전까지는 일을 진행시켜서는 안 된다. 한 상품을 대량으로 주문하겠다고 했을 때, 대부분의 경우 이 주문을 거절하면 다음 주문은 없을 것이라고 여겨 안이하게 타협하고 만다. 이런 안이한 타협이 오히려 일을 망친다.

어떤 사람이 얼마나 주문하더라도 받아들일 수 없는 일은 절대로 하지 않겠다는 확고한 기준이 없으면 스스로 수습할 수 없는 지경에 이를 뿐이다.

경쟁할 것인가, 같이 갈 것인가

업계 간 경쟁이 치열해지다 보니 같은 일을 하는 사람들끼리 서로를 경쟁자로만 여기는 것 같다. 물론 경쟁의식은 필요하다. 하지만 누구도 경쟁하려고 일하거나 사업을 하지는 않는다.

근처에 같은 업종의 가게가 새로 생겼다고 해서 화를 낼 일은 아니다. 그 가게의 주인을 따뜻하게 맞아주면 그도 당신을 선배 대하듯 공손한 마음으로 다가설 것이다. 이를 통해 두 가게를 찾는 손님들의 신뢰도 높아질 것이다.

적절한 경쟁은 필요하지만, 같은 업종에 종사하는 사람들끼리의 친분을 돈독하게 이어가는 것도 중요하다.

누구를 위해 일하는가

과학기술이 발달함에 따라 인간이 기계에 밀리고 경시되는 일이 생긴다. 이런 현상을 비판하는 이들이 많은데, 이를 없애는 가장 확실한 방법은 자신이 맡은 일에 인류의 행복을 담는 것이다. 왜 새 기계를 만드는지, 그것이 인류를 얼마나 행복하게 하는지 생각하고, 이를 토대로 인류에 대한 배려가 쌓일 때 어떤 기계를 개발하더라도 인간소외는 일어나지 않을 것이다.

지금 문제되는 인간소외는 기계가 인간을 소외시켰기 때문이 아니라 인간이 인간 스스로를 생각하지 않기 때문에 일어나는 현상이다.

브레이크가 있어야 할 자리

나는 남들보다 느리다. 새로운 일을 시작하려고 이것저것 따지고 재고 한 뒤에도 곧장 손을 대지는 않는다. 하지만 손을 댄 순간에는 이것만은 반드시 이루겠다고 굳게 다짐한다. 그럴 때 말고는 아무리 괜찮게 보이더라도 손을 대지 않는다.

먹는 일이라면 내 배가 저절로 조절해주겠지만, 사업에 대한 욕심은 조절해주는 장치가 없다. 스스로 판단해서 나아갈 뿐이다. 그 때문에 나는 늘 내 스스로를 반성하며 회사의 역량을 검토하고 그에 맞는 사업에 주력한다. 이를 끝까지 지켜보고 확인하는 것, 이것이 내 일이자 경영자들의 몫이다.

믿는다면 맡겨라

어떤 사람에게 업무를 맡길 때 그가 그 일에 맞는 사람인지 정확하게 판단하기는 쉽지 않다. 그러면 어떻게 해야 할까? 그가 그 일에 가능성이 충분하다면 그에게 그 일을 맡겨라. 나는 가능성이 충분하다고 판단되는 사람이라면 주저하지 않고 "자네가 이 일을 맡아주게"라고 말한다. 특별한 기술이 필요한 경우를 제외하고는 누구보다 잘 해낼 수 있는 사람은 바로 그이기 때문이다. 모두가 그런 것은 아니지만, 믿고 맡길 때 전문가보다 뛰어난 성과를 내는 이들이 의외로 많다.

지금 그 자리에서 깨우쳐라

어떤 마음으로 젊은 시절을 보냈느냐에 따라 이후의 삶이 달라진다. 그럼에도 불구하고 일부 젊은이들은 '이 일은 내 성격에 안 맞아', '저런 상사 밑에서는 도무지 일할 맛이 나지 않아' 하며 불만을 털어놓는다. 이는 자기중심적인 사고방식의 폐해다.

자신에게 어울리는 적성을 찾아내는 방법은 오직 다양한 경험뿐이다. 그리고 성격과 의견이 다른 상사나 선배 밑에서 갈고닦는 것이 자신을 얼마나 견고하게 키우는지 절대로 잊지 말아야 한다.

중요한 것은 제도가 아니다

각 기업들마다 연공서열이나 특채에 대한 비중이 달라 단정할 수는 없지만, 나는 대체로 연공서열에 삼 분의 이를, 나머지는 특채에 비중을 둔다. 특채의 비중을 높이는 것은 국내 실정상 아직은 무리가 아닐까 싶다.

그러나 잊지 말아야 할 것이 있다. 때로는 모험도 감수할 용기를 내는 것, 그것이 정체된 회사를 바로 세우고 각성시키며, 생동감 넘치는 회사로 만든다.

사람이 자원이다

나라의 자원은 사람이다. 우리나라에 당장 천만 명이 없어져도 큰 곤란에 처할 것이다. 사람이 많다는 것은 자원이 풍부하다는 말과도 같다. 일반적으로 자원이라 하면 움직이지 않는 것을 말하지만, 사람은 움직인다. 사람은 한편으로는 자원을 소비하는 존재이면서도 다른 한편으로는 그 이상의 것을 생산하는 능력을 가진 존재다.

사람이 곧 자원이라는 사실을 결코 잊어서는 안 된다. 그리고 사람이라는 무한한 자원을 공유하고 있다는 사실을 보다 많은 이들에게 알려야 한다. 그렇다고 사람이 많은 것만으로는 안 된다. 양보다 질이 우선이라는 것은 굳이 말하지 않아도 알 것이다.

남이 아니라 나부터

반성이 절실한 사람에게는 반성을 요구하고, 나 또한 반성할 점이 있다면 깊이 반성하며 서로 협력 체제를 돈독히 하라. 이것은 누가 먼저랄 것도 없으며, 누구라도 먼저 실천해야 한다. 그런데 안이하게 될 대로 되라며, 남이 대신 해주기를 바라는 이들이 적지 않아 안타깝다. 이래서는 나아질 수 없다. 오늘이 지나면 내일은 또 내일의 바람이 불어 올 것이라는 무사안일주의로는 어제와 다를 바 없다.

모두가 다시 한 번, 우리는 하나라는 생각으로 '누군가가 하겠지'가 아니라, 먼저 나부터 나서지 않으면 안 된다는 각오를 깊이 새겨야 할 것이다.

봄을 즐기는 마음으로

풀과 나무들의 싹이 트고, 꽃이 피어나는 성장의 계절, 봄은 만물이 소생하는 계절이다. 우리도 매년 돌아오는 봄을 진심으로 즐기며 봄과 같이 성장을 도모할 수 있어야 한다. 봄을 즐길 줄 아는 마음과 인생을 즐길 줄 아는 마음은 다르지 않다. 살다 보면 때때로 불쾌하거나 지루할 때도 있다. 하지만 봄을 즐기는 마음이 있다면 차분해지고 살아가는 보람도 느낄 수 있을 것이다.

해를 거듭하며 나이테를 그려가는 산과 들의 나무들처럼 우리의 마음도 한 해 한 해 격이 쌓이고 더욱 새로워지기를 기대한다.

나는 왜 그들에게 조언을 구하는가

나는 두 평짜리 회사에서 시작해 지금의 그룹을 이루기까지 어떤 새로운 일을 해야 할지 말지를 결정할 때는 결코 나 혼자 결단을 내린 적이 없다. 하고 싶지만 그만한 능력이 내게 있는지 판단이 서지 않을 때가 많기 때문이다.

그럴 때마다 썼던 방법이 다른 사람에게 내 속내를 털어놓고, "지금 이런 일로 망설이고 있는데, 어떻게 해야 할까요?"라고 물어보는 것이다. 그럴 때마다 "그 일은 힘들 것 같아", "자네라면 해낼 수 있을 거야"와 같은 조언을 들을 수 있었다. 생각해보면 나는 망설일 때마다 스스로 받아들일 수 있을 때까지 다른 사람들의 의견을 들으면서 조금씩 성장해왔다.

신속하게 판단하고 행동하라

《삼국지》〈위서 곽가전〉에 '병귀신속(兵貴神速)'이라는 말이 나온다. 이는 '병사를 다루는 데는 신속해야 한다'는 뜻으로, 전쟁에서는 짧은 순간의 승기를 얼마나 정확하게 잡아내느냐가 승패의 열쇠가 된다. 긴박한 순간에 주저해서는 기회를 잡을 수 없다. 그 때문에 대장이 반드시 갖추어야 할 것 중 하나가 즉시 결정하고 즉시 행하는 능력이다.

이는 전쟁에만 국한되지 않는다. 주변의 정세는 시시각각 변하고 있다. 그래서 하루가 늦어지면 일 년이 늦어지는 경우도 종종 일어난다. 물론 신중하게 처리해야 할 때도 있지만, 큰일을 앞두고 신속하게 판단하고 행동할 수 있는 지혜와 기민한 실행력은 리더가 지녀야 할 필수요건이다.

누구도 혼자 살 수 없다

당신이 회사에 속해 있다면, 일을 할 때는 동료들과 같이 해야 한다. 서로의 입장을 존중하지 않는, 협조심이 부족한 사람이어서는 곤란하다.

'나는 이렇게 생각하는데 저 사람은 저렇게 생각하는구나'라고, 그의 독창성을 인정하고 귀 기울여 들을 때 협조도 우러난다. 그렇다고 비굴해지라는 말은 아니다. 내 것만 고집하는 주장은 상호 간의 협조를 방해하며, 이는 어느 자리에 있더라도 반드시 고려해야 하는, 매우 중요한 문제다.

일을 나누어주는 것도 리더의 몫

한 사람의 능력에는 어쩔 수 없는 한계가 존재한다. 그 한계를 넘어설 경우에는 대부분 실패를 경험한다. 힘이 닿는 적정한 범위 안에서 일하는 것이 가장 좋고, 일이 힘에 부칠 때는 여럿의 힘을 모아 해나가는 것이 바람직하다.

리더라면 업무를 적당한 규모로 나누고, 분야에 맞는 책임과 권한을 부여해 각자가 자기 능력에 맞는 일을 할 수 있도록 해야 한다. 서로의 책임 범위를 확실히 구분해주면 일할 때 쓸데없는 낭비가 사라지고 능률도 오른다.

보이지 않는 계약

어떤 제품이나 물건이 필요할 때 그것이 없다면 누구나 불편할 것이다. 당신이 사업을 한다면 그와 같은 경우를 예견하고 그 제품이나 물건을 만들어야 한다. 그것은 당신이 소비자들과 맺은 보이지 않는 계약이기 때문이다.

계약서가 따로 있는 것은 아니지만, 이 보이지 않는 계약, 침묵의 계약을 항상 의식하고 있어야 한다. 그리고 이 계약을 이행해나가기 위해, 평소에도 만반의 준비를 해두는 것이 사업을 하는 당신에게 부여된 가장 중요한 의무이며 책임이다.

지금, 우리에게 주어진 것

숱한 고난과 위기를 겪었지만 우리는 짧은 기간에 엄청난 경제발전을 이루었다. 하지만 그것은 우리의 몫이 아니다. 그것은 그것을 이룬 이전 세대의 자랑이다. 그것을 우리 세대의 자랑으로 여겨서는 안 된다. 전 세대의 발전을 부러워하기만 해서도 안 된다. 우리의 몫은 지금이고, 지금은 이전의 성과를 뛰어넘어야 한다.

지나간 성공에 안주하지 말고, 인류를 구하고 세상에 보탬이 될 마음가짐으로 백 년, 이백 년 후를 만드는 것, 그것이 우리 세대의 자랑이자 의무여야 한다.

나를 버리는 배짱

망설일 때도 있을 것이다. 그럴 때는 가진 지혜와 재량은 보잘것없기 때문에 '이제는 어쩔 수 없다. 여기까지 온 이상 더 해보고, 결과가 좋지 않더라도 운명이라고 생각하자'며 배짱 좋게 나가는 수밖에 없다. 어렵다고 생각했던 일이 순조롭게 풀려 의외로 좋은 결과를 얻는 것도 이때다.

급여는 어디에서 오는가

먹고 살기 위해 당연히 돈이 있어야 하고, 돈을 벌기 위해 일한다. 하지만 그보다 더 중요한 목적이 있음을 잊지 말아야 한다. 그것은 자신의 일을 통해, 다니는 회사를 통해 사회에 봉사하고 있다는 것이다. 생활인이나 직업인으로서 자신이 맡은 사명을 올곧게 수행해야 하고, 인간으로서의 사명을 다 해야 한다.

이처럼 관점을 바꾸어, 급여는 일을 통해 사회에 봉사하고 공헌하는 것에 따른 보수라고 생각해야 한다.

결단을 거두어야 할 때

나아갈 때는 나아가고 물러날 때는 물러날 줄 아는 것은 일반인들도 그렇지만 특히 경영자라면 반드시 명심해야 할 것이다. 어떤 일이 제대로 풀리지 않아 그만두는 편이 낫겠다고 결정했을 때는 반드시 그에 따르는 희생이 생긴다. 비난을 받을 수도 있고, 회사의 신용이 떨어질 수도 있다. 하지만 그것을 두려워해서는 안 된다. 미련을 남겨서는 절대로 그만둘 수 없다.

지나간 일에 연연해하지 않고, 그만두어야 할 때 그만두는 것, 결단내리는 것도 경영자의 역할이지만 결단을 거둘 줄 아는 것도 경영자의 덕목이다.

길은 무한하다

항상 서로에게 새로움을 불러일으켜야 하며, 해야 할 일은 해놓는다는 태도를 견지해야 한다. 일상생활이나 업무를 할 때 이 마음을 잊지 않고 지키는 한 어제와 오늘의 나는 다르고, 일 년, 오 년 후에는 더욱 새로워진 태도와 일하는 방식으로 상당한 발전을 이룰 것이다.

중요한 것은, 이를 굳게 믿고 열정과 열의를 갖고 일에 전념하는 것이다. 그렇게 하면 틀림없이 길은 무한하다는 사실도 깨달을 것이다.

4
그 일을 마주하는 자세

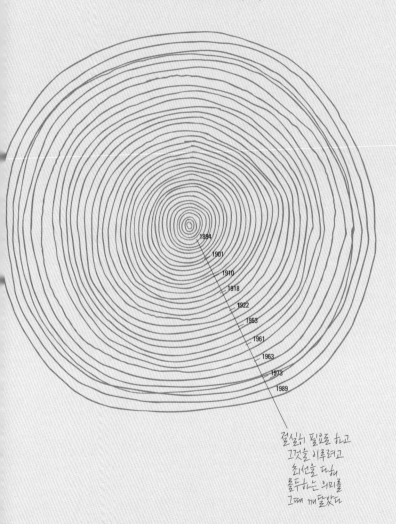

1894
1901
1910
1918
1922
1953
1961
1963
1973
1989

절실히 필요로 하고
그것을 이루려고
최선을 다해
몰두하는 의미를
그때 깨달았다

인연

'옷깃만 스쳐도 전생의 인연'이라는 말이 있듯이 사람과 사람 사이에 인연만큼 신기한 것도 없다. 만일 지금 어울리는 동료가 이 회사에 없었다면 어쩌면 그와는 이 세상에서 마주칠 일은 없었을지도 모른다.

우리 모두는 운명이라는 커다란 공간 속에서 인연이라는 끈으로 이어져 있는지 모른다. 이렇게 생각하니 사람과 사람의 유대가 간단히 끊어지는 것이 아니라, 절대적인 존재에 의해 좌우되는 것은 아닌지 싶다. 이런 생각이 들 때마다 나는 모든 사람을 더 소중하게 여기며 살아야겠다고 다짐하며, 그런 인연에 감사한다.

사람은 다이아몬드 원석이다

사람은 다이아몬드의 원석과 같다. 다이아몬드의 원석은 가공을 거친 후에야 빛을 낸다. 그리고 그 빛은 커팅 방식에 따라 다양한 광채를 띤다.

이처럼 우리도 갈고 닦았을 때 저마다의 광채를 낼 수 있는 훌륭한 소질을 갖고 있다. 그렇기 때문에 잘 가르쳐 가진 능력을 십분 발휘하도록 하려면 그 사람의 본질을 제대로 파악하고, 사람마다 다르게 가진 독특한 소질을 배려해야만 한다. 이것이 바탕이 되지 않으면 아무리 인재가 많아도 그 인재들을 제대로 활용할 수 없다.

사람을 키우는 것이 먼저다

최근 들어 서비스의 중요성이 커지고 있다. 이는 환영할 일이며, 서비스는 반드시 필요하다. 하지만 그 일을 담당할 직원들을 제대로 교육시키고 훈련시키지 않으면 아무리 훌륭한 상품이라도 그 빛을 보지 못한다. 고객이 진심으로 기뻐할 수 있도록 서비스하려면 적절한 말, 상황에 따라 조치하는 실행력이 절실하다.

사람을 키우는 것이 제품을 만드는 것보다 우선 되어야만 한다.

원하는 곳에 들어갔다면

일할 곳을 고르는 것은 당신의 앞날을 결정하는 가장 중요한 문제였을 것이다. 일단 들어가면 그만이라는 마음이 아니라, 그곳을 평생의 직장으로 삼겠다는 굳은 결의가 섰을 것이다.

그렇다면 그 일을 하는 동안 지루하거나 괴로운 상황과 마주하더라도 회사를 그만두려는 시답잖은 생각은 접어야 한다. 한 회사의 직원으로서 자신의 길을 열어 가겠다고 각오해야 한다. 일이 제대로 풀리지 않을 때마다 이직을 생각한다면 결코 자신을 특별하거나 강하게 키울 수 없다.

배우려는 마음

사람은 배우지 않고 경험해보지 않고는 어떤 것도 스스로 생각해낼 수 없는 존재다. 어렸을 때는 부모님과 선생님으로부터, 취직해서는 선배로부터 배우고 익힌 후에야 비로소 자기 능력을 발휘할 수 있다. 나무와 돌, 밤하늘에 떠 있는 별들을 비롯한 자연, 그리고 선배의 호된 질책과 후배의 순수한 충고, 이 모든 것이 스승이 아닐 수 없다.

나는 어떤 일, 어떤 자리라도, 누구를 만나더라도 겸허하고 진솔한 마음으로 배우고 싶다. 배우려는 의지가 강한 사람일수록 새로운 아이디어를 내놓으며, 남다른 능력을 발휘한다고 해도 과언이 아니다.

회사의 얼굴은 직원이다

회사 밖에서 자신이 속한 회사에 불만을 터뜨리고 험담하는 이들이 있다. 이는 직원교육이 충분하지 못한 탓이다. 불평하는 이들 중에는 개인적으로 불만이 있어서 그러는 경우도 없지 않지만, 대부분은 자신이 속한 회사의 장점을 제대로 이해하지 못하고 있기 때문이다.

나는 우리 회사의 창업 이념은 무엇이며, 왜 그것을 지키려는지, 우리 회사가 어떻게 발전했는지, 그리고 우리 회사가 짊어져야 할 사명은 무엇이며, 어떻게 사회에 공헌하고, 얼마의 성과를 거두고 있는지를 항상 직원들에게 알려주고 가르친다. 내가 자리에 없더라도 변함없다. 그것은 직원들이 회사의 얼굴이기 때문이다.

동료의 성공에 박수를

직장 동료가 나보다 먼저 승진했을 때 질투가 앞서곤 한다. 사람이기 때문에 당연한 감정일 것이다. 그런데 누군가가 실패했을 때는 뒤에서 좋아하는 이들이 적지 않다. 그들이 야말로 승진하기에는 너무나 모자라며, 스스로 덜 되었음을 광고하고 다니는 것과 같다.

동료의 승진이나 성공에 기꺼이 박수를 보내고, 자기가 맡은 업무를 누구보다 사랑하고 열정을 갖는 사람이라면 어느 회사라도 그에 어울리는 대우를 해주기 마련이다.

직원은 경영자를 따라한다

직원 교육을 위한 제도나 조직을 마련하고 거기에 힘을 불어넣는 기업들이 많아졌다. 기분 좋은 일이다. 하지만 그보다 중요한 것은 그 교육에 혼이 있느냐는 것이다. 경영자의 인격이 그 교육에 깃들어야 한다. 즉, 경영자가 모범을 보이고, 어느 직원보다 열의와 열정을 갖고 있어야 한다.

'사업은 사람에게 달려 있다'는 말은 결코 변하지 않는 진리이며, 교육은 인재를 육성하는 지름길이다. 그리고 직원들은 그 어떤 교재보다 경영자를 본받는다.

국민의식이 민주주의를 키운다

민주주의 국가에서 가장 중요한 것은 민주주의를 지키고 가꾸는 국민의식이다. 국민의식이 바로 서지 않으면 국가는 방종주의에 빠져 수습할 수 없는 혼란을 겪는다. 국민들의 올바른 의식이 뒷받침될 때 민주주의도 비로소 꽃을 피울 수 있다.

민주주의는 결코 혼자 자라지 못한다. 수준 높은 국민의식이 거름이 되고 물이 될 때만이 가장 민주적인 빛을 띤다.

신입사원을 맞이하며

신입사원이 들어오면 회사와 현장에 신선한 바람이 분다. 선배들도 초심을 떠올리며 심기일전한다. 이때야말로 새롭게 비약할 수 있는 기회다.

하지만 플러스가 있으면 마이너스도 있음을 놓쳐서는 안 된다. 아무리 우수한 능력을 갖고 있더라도 신입사원은 업무 경험이 없기 때문에 선배가 하나부터 열까지 가르쳐야만 한다. 이 말은 선배의 업무 능률이 떨어지고 회사 전체의 역량도 일시적으로 떨어진다는 뜻이다. 그렇다고 그 때문에 신입사원을 탓할 수는 없다. 신선한 바람을 즐기려면 그만한 피곤을 이겨내야 한다. 그만한 준비 없이 신입사원을 들일 회사라면 내일을 기대할 수 없다.

무아지경의 작업

어느 날, 한 불상 조각가를 소개하는 다큐멘터리를 보았다.
작은 불상 하나에도 자신의 혼과 열정을 쏟아 넣는 그에게
깊은 감명을 받았다. 그의 손동작 하나하나는 의식해서 나
오는 것이 아니라 말 그대로 무아지경에서 이루어지는 작
업이라고 여겨졌다.

기계화로 세상이 편리해졌지만 여전히 사람의 손이 거쳐
야 하는 것들이 존재하고, 그처럼 혼을 담는 작업이 얼마나
소중한지 다시 한 번 되새긴 시간이었다.

기적은 내 안에 있다

누구나 때때로 망설이거나 두려워하고 걱정하는 여린 마음을 갖고 있다. 그래서 생각 없이 일하다가는 여린 마음으로 인해 강력한 행동력을 발휘할 수 없기도 한다. 반면에 어떤 사명을 선택하고, 그 사명감으로 일하는 힘도 있다. 아무리 마음이 여린 사람이라도 그의 내면에는 강력한 힘이 있고, 누구라도 그 힘을 끌어내야 한다.

특히 리더의 위치에 있는 사람일수록 항상 무엇을 위해 이 일을 하는지 사명감이 있어야 한다. 그리고 다른 사람들도 같은 사명감을 가질 수 있도록 이끌어야 한다. 그러면 아무도 가지 않는 길이라도 갈 수 있는 강인함이 우러날 것이다.

어떻게 일할 것인가

직장인들의 입사 동기는 모두 제각각이다. 그중에는 어쩌다 보니 들어왔다는 이들도 있을 테지만, 그 회사의 일원이된 이상 '어쩌다 보니'라는 말은 해서는 안 된다. 이 회사에들어온 것이 운명이었다고 해도 자신의 의지로 그 운명을다스려야 한다.

이를 위해서는, 회사에서 정해준 일을 하더라도 적극적으로 창의성을 기르고, 연구에 집중하며, 일에 대한 흥미를 찾으려는 노력을 기울여야 한다. 꿈에서도 일할 정도의 열정과 각오가 바로 서야 한다.

지식은 도구, 지혜는 사람

지식과 지혜. 이 두 단어의 의미가 너무 비슷해서 같은 뜻으로 여길 수도 있다. 하지만 이 단어는 각기 다른 의미를 지니고 있다. 지식은 어떤 사물을 제대로 아는 것이며, 지혜는 무엇이 옳고 그른지 아는 것이다. 지식을 도구라고 비유한다면 지혜는 도구를 사용하는 사람이라고 할 수 있다.

우리는 지식을 높이 쌓는 것과 동시에 그것을 활용하는 지혜를 한층 더 갈고 닦아야 한다. 그때 비로소 공동생활의 편리와 행복을 누리는 길도 열릴 것이다.

투명경영

나는 회사와 관련된 일을 직원들에게 있는 그대로, 사심 없이 전달했다. 그러자 모든 직원들이 함께 회사를 경영한다는 의식이 자연스럽게 형성되었고, 책임감을 갖고 맡은 일에 임하는 바람직한 분위기도 만들어졌다. 그뿐만 아니라 저절로 회사 내부의 많은 인재들이 성장했다.

그래서 나는 언제 어디서나 투명경영을 강조한다. 현재의 회사 방침과 경영 현황을 비롯해 많은 것을 직원들과 공유하고, 좋은 일이든 나쁜 일이든 알려주는 것이 얼마나 중요하고 바람직한지 늘 되새긴다.

내가아닌 인류를 위하여

인류가 만들어 낸 수많은 기계와 도구들이 누구에 의해, 어디서 만들어졌는지에 상관없이, 원칙적으로는 모든 사람들이 나누어 사용해야 하고 올바르게 활용해야 한다. 그것들은 인류가 공유해야 할 재산이므로 국경과 인종, 시대까지도 뛰어넘어야 한다. 그것이 우리가 마땅히 지녀야 할 마음가짐이며 태도다.

우리에게는 서로가 알고 있는 지혜를 모으고 협력하면서 공공의 생활수준을 높여 나가는 우수한 특성이 있다. 이를 깨닫고 실천하지 못하면 모두의 번영과 평화, 행복은 구할 수 없다.

끌어당기는 힘, 매력

리더에게 절실한 요소 중 하나는 사람을 끌어당기는 매력이다. 리더에게 '이 사람을 위해서라면'이라는 생각이 들게 하는 매력이 있다면 그의 주위에는 저절로 사람이 모이고, 그들은 그를 따르면서 최선을 다한다.

다만, 매력은 어느 정도 선천적으로 타고나야 하며, 누구나 그런 힘을 갖는 것도 아니다. 하지만 상대방의 마음을 세심하게 살피는 것이나 그를 소중하게 대하는 태도만으로도 충분히 매력적일 수 있다. 끌어당기는 힘의 중요성을 알고 그것을 위해 자신을 다스리는 것이 리더의 바람직한 덕목이다.

먹고 자는 것도 잊고

흔히 "먹고 자는 것도 잊고 몰두한다"고 말하는데, 쌍소켓을 만들던 시절의 나 역시 그랬다. 하지만 괴롭거나 고통스럽다는 생각은 조금도 들지 않았다. 그것은 내가 그때까지의 경험과 사람들의 모습을 살펴보면서 이대로는 불편하니까 무엇이든 조금이라도 더 편리한 물건을 만들고 싶다는 강렬한 바람이 있었고, 그런 일을 하는 것이 너무나 좋았기 때문이 아니었나 싶다.

'필요는 발명의 어머니'라는 말처럼 새로운 것을 만들어내기 위해서는 그 필요성을 절실히 느껴야 하고, 그것을 실현하려면 최선을 다해 몰두해야 한다는 것을 그때 나는 절실하게 깨달았다.

사회인으로서의 의무

배우고 역량을 키우는 것은 자신을 위한 일이자 사회에 대한 의무이기도 하다. 이 사회의 모든 구성원들이 한 단계 진보하면 사회의 수준도 역시 한 단계 올라간다. 그러나 다른 사람들은 모두 세 번째 단계까지 올라갔는데 나는 첫 번째 단계도 넘지 못했을 때, 사회의 전체 평균은 그 세 번째 단계를 뛰어넘을 수 없다. 나 한 사람으로 인해 전체의 수준이 더 올라가지 못하는 것이다.

그렇기 때문에 우리는 사회인이라는 의무를 확실하게 인식하고 날마다 노력하지 않으면 안 된다.

믿는다면 믿고 맡겨라

인재 활용법에 관한 조언은 많지만, 가장 중요하게 생각해야 할 것은 사람을 신뢰하고 믿음으로 일을 맡기는 것이다. 신뢰 받고 있음을 깨달을 때 그 일을 기쁜 마음으로 받아들이고 책임감도 커진다. 해결할 수 있는 방법을 스스로 궁리하고, 더 열심히 노력해 그 일을 마무리한다. 즉, 신뢰와 역량은 비례한다.

간혹 백 퍼센트 신뢰하기가 어렵기 때문에 '맡겨도 괜찮을까?' 하는 불안감이 생긴다. 하지만 이득을 바라지 않고 믿을수록 신뢰는 더욱 견고해진다.

예의범절을 배우고 가르치자

우리나라 사람은 머리도 좋고 재능도 결코 떨어지지 않는다. 그래서 무엇이 좋은지 나쁜지를 충분히 구별할 줄 안다. 하지만 이상하게도 그것이 행동으로는 잘 나타나지 않는다. 대중교통을 이용할 때 새치기를 하거나, 공원이나 관광지를 더럽힌다. 이는 예의범절을 제대로 가르치지 않았기 때문이다.

머리로는 알고 있어도 어릴 때부터 예의범절을 제대로 배우지 않으면 어른이 되더라도 사람다운 행동을 할 수 없다. 모처럼 얻은 지식도 예의범절이 몸에 배지 않으면 몸가짐이 흐트러지고 결국에는 사회인으로서의 생활도 어려워진다.

내가 속한 회사를 신뢰하라

회사에 새로 들어온 후 신경 써야 할 것은 한둘이 아니다. 그중에서 가장 중요한 것은 자신이 속한 회사를 믿고 따르는 것이다. 회사가 당신을 받아들인 것은 당신을 신뢰하기 때문이며, 당신 또한 신뢰했기 때문에 그 회사에 들어갔다. 그렇기 때문에 회사를 신뢰하고, 좋은 직원이 되기를 바라며, 회사를 통해 사회에 봉사한다는 마음가짐을 가졌으면 한다. 이렇게 다짐한다면 직장생활에 실패하는 일은 없을 것이다.

목표를 세울 줄 알아야 리더

리더에게 절실한 것은 목표를 부여하는 능력이다. 리더는 특별한 지식이나 재능을 갖고 있지 않아도 된다. 그런 일은 전문가를 활용하면 된다. 하지만 목표를 부여하는 것은 리더만이 할 수 있다. 그것은 다른 사람이 해줄 수 있는 일이 아니다. 물론 그 목표가 적절해야 한다는 것은 두말할 것도 없다. 이를 위해 리더는 목표를 수립할 수 있을 정도의 철학과 견식을 갖추어야만 한다.

자신의 철학과 견식에 근거하여 적절한 시기에 그에 맞는 목표를 꾸준히 세워 나가는 것. 이것만 제대로 할 수 있다면 그 다음의 일들은 느긋하게 지켜보라.

마음이 통해야 이익도 생긴다

겉으로 보면 장사는 물건을 팔고 돈을 받는 것으로만 여겨진다. 그렇게 보면 장사는 자동판매기와 다를 바 없다. 내 물건을 사주었을 때 감사하는 마음과 고객의 소중함을 아는 것이야말로 장사를 하는 본연의 모습이라고 할 수 있다. 옛날 상인들은 항상 '잠을 잘 때, 손님이 계신 곳을 향해서는 발도 뻗지 않는다'고 할 정도로 감사하는 마음으로 장사에 임했다. 그렇게 함으로써 손님들도 상인의 마음을 전해 받고, 같은 물건이라도 저 상점에서 사겠다고 생각하며, 손님과 상인 사이에 마음이 통하고 사회도 정감이 넘친다. 따라서 장사에도 서로가 한 몸이 되는 물심일여(物心一如)의 자세를 갖는 것이 중요하다.

복지는 스스로 만드는 것

오늘날, 국민들은 국가가 많은 것을 해줄 것이라고 생각하고, 국가는 국민들의 세금에만 의지해 모자라면 증세하면 된다는 안이함에 빠져 있다. 국민과 국가가 서로 어떻게 되겠지 하며 미루기에 급급하다. 그러나 복지를 향상시키는 데 필요한 자금은 국민들 모두가 열심히 일해서 낸 세금으로부터 나온다. 즉, 복지를 펼치는 것은 국가인 것처럼 보이지만 실제로는 국민이 하고 있는 것이다. 이를 제대로 인식하고, 복지를 향상시키기 위해 국민들과 국가가 무엇을 해야 하는지를 고심해야 한다.

묻지 않으면 답하지 마라

젊은 인재들을 양성하기 위해 세운 마쓰시타정경숙의 교육 방식은 다른 곳과는 전혀 다르다. 학생이 질문을 하면 선생이 그에 답하는 형식으로 진행한다. 질문하려면 궁금해야 하고, 무엇을 질문할지 궁리해야만 하고, 질문할 것이 있으면 그만큼 학생 스스로가 그 질문의 답을 찾으려 노력해야 한다.

지식을 단지 전달하는 것이 아니라 갖고 있는 지식을 활용하는 능력을 키우며, 자신의 생각을 당당하게 주장할 수 있는 인간으로 성장하기를 바란다. 이런 마음에서 나는 마쓰시타정경숙을 세웠고, 이런 열망에서 비롯된 수업 방식이 마쓰시타정경숙만의 특별함이다.

누구나 똑똑할 필요는 없다

세상은 뛰어난 사람들만 있다고 해서 모든 일이 잘 풀리지는 않는다. 뛰어난 사람은 한 명으로 족하다. 그리고 그 밑으로 세 명, 다시 그 밑으로 네 명 정도가 모인 집단이 구성되어야 한다. 뛰어난 사람만 모여서는 논의만 하다가 의견이 나뉘어 일이 한 방향으로 나아가지 못할 가능성이 크다. 실제로, 한 회사에서 천재라고 불리는 세 명이 힘을 합쳐 프로젝트 업무를 진행했다. 하지만 일이 진척되지 않자 그중 한 명을 뺐다. 그러자 남은 두 명의 호흡이 척척 맞아 일의 진행도 빨라졌고, 빠진 사람도 다른 분야에서 성공할 수 있었다. 이런 경우는 비일비재하다.

우리는 회사에서 수련한다

🜨

일은 모름지기 스스로 그 일에 몰두해 몸으로 익혀야 한다. 그러나 스스로 무엇을 얻기 위해서는 그것을 수련하는 곳이 있어야 한다. 다행스럽게도 그 수련장은 이미 당신 곁에 있다. 그곳은 바로 당신의 직장이다. 장소는 이미 준비되었으니, 남은 것은 그곳에서 열심히 수련하겠다는 의지, 일을 스스로 배워보겠다는 의지를 갖는 것이다. 게다가 회사라는 수련장에서는 수업료를 지불하기는커녕 오히려 월급을 받는데, 이보다 좋은 조건은 어디에도 없다.

이렇게 생각한다면 일에 매진하는 마음은 겸허해지고 자세는 확고해질 것이다.

몸은 쉬되 머리는 움직여라

리더는 언제나 움직여야 한다. 그렇다고 해서 온종일 일에만 매달려서는 안 되며, 그래서는 몸이 버티지 못한다. 때로는 휴식을 취하고 여가활동을 즐겨야 한다. 운동을 즐기거나 따뜻한 물에 몸을 담그는 것도 나름 좋은 방법이다.

하지만 몸은 휴식을 취하더라도 마음까지 쉬게 해서는 안 된다. 목욕 중에도 물이 넘치는 것을 보면서 아이디어를 떠올릴 만큼 머리는 항상 움직여야 한다. 노는 것에 정신을 빼앗긴다면 그 리더는 실격이다.

역경의 가치

풍족한 환경 속에 있다 보면 자기도 모르게 그 환경에 익숙해져서 게을러지고 둔해진다. '치세(治世)에 난세(亂世)를 잊지 말라'는 《역경》의 충고는 매우 중요한 가르침이다. 하지만 이 말을 제대로 따르는 사람은 드물다. 아무리 뛰어난 사람이라도 편안한 날이 계속되면 안이함에 빠져 더는 앞으로 나아가지 않는다.

위기에 처하고 역경에 부딪혔을 때 우리는 비로소 눈을 뜬다. 마음을 단단히 먹고 그 일에 대처한다. 편안했을 때는 나오지 않았던 지혜가 샘솟고, 새로운 생각들로 가득 찬다. 획기적인 진보와 혁신은 곤란한 상황에서 나오는 법이다. 역경은 결코 벗어나야 할 것이 아니라 나를 키우는 힘이다.

옛날 방식이라고 해도 바람직한 것은
그대로 유지하는 것이 마땅하지만, 시대의 변화에 따라
개선해야 할 것들은 반드시 바꿔야만 한다.
항상 새롭게 변모할 때 비로소 올바른 경영이념도
영원한 생명력을 갖는다.

◎∾   마음은 바로 섰는가   ∾◎

5

날마다 새롭게 하라

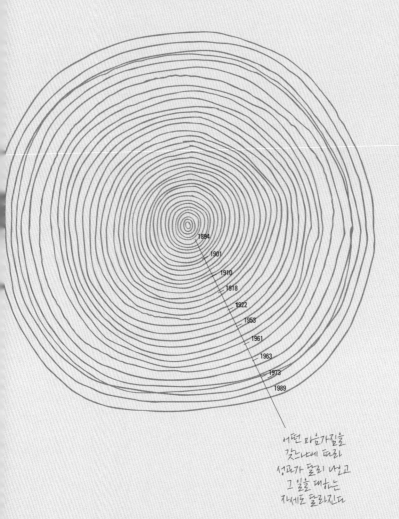

1894
1901
1910
1818
1922
1953
1961
1963
1973
1989

어떤 마음가짐을
갖느냐에 따라
성과가 달리 나오고
그 일을 대하는
자세도 달라진다

조화와 대립

＊

노사관계는 언제나 대립하며 조화를 이루는 것이 바람직하다. 서로 할 말은 하고 주장할 것은 주장하면서 대립해야 한다. 그렇다고 대립으로만 이어져서는 안 되며, 받아들여야할 것은 받아들이면서 항상 조화롭도록 노력해야 한다. 이처럼 조화를 전제로 대립하고, 대립을 전제로 조화를 이룬다는 생각을 기본으로 삼는 것이 으뜸이다.

이런 태도를 갖는다면 분명히 더 좋아지고, 보다 견실하게성장할 것이다.

느리지만 한 걸음 한 걸음

✳

거북이걸음은 언뜻 보면 느리지만, 거북이처럼 서두르지도 않고 소란스럽지 않게 자신만의 페이스대로 착실하게 나아가는 것이 가장 좋다. 힘은 견실하게 걷는 것에서 나온다. 반대로 짧은 시간 안에 급히 하려다 보면 견실함이 결여되고 결함도 생긴다. 그 때문에 겉으로 보면 멀리 나아간 것처럼 보여도 나중에는 다시 되돌아온다.

토끼처럼 빨리 달리기에는 숨이 차다. 잰걸음을 치기에도 아직은 이르다. 가장 좋은 것은 거북이처럼 보통 걸음으로 한 걸음 한 걸음씩 착실히 걷는 것이 아닐까. 그것은 인생뿐만 아니라 경영에도, 더 크게는 국가를 다스리는 것에도 통하는 이치다.

우리는 왜 법을 지켜야 하는가

❄

민주주의 정치의 근원이 되는 법은 국민의 생활을 지키고 국민 개개인의 활동에 따른 성과를 쉽게 얻을 수 있도록 만들어, 개인의 행복을 드높이는 것에 궁극의 목적과 존재 의의가 있다. 법 자체가 국민들이 자신의 행복을 누리기 위해 국민의 힘으로 법을 만드는 구조로 되어 있기 때문이다.

따라서 국민들이 법을 가볍게 여기고 무시한다면 이는 곧 자신을 가볍게 여기고 자신의 존엄성을 잃는 것과 같다. 이 사실을 올바르게 인식하고, 항상 법을 제대로 지키는 것이 중요하다.

날마다 새롭게 하라

❋

오랜 역사와 전통을 지닌 기업이 정체에 빠지는 경우가 있다. 그 기업의 경영이념이 잘못되어 그렇게 된 것은 아니다. 오히려 그들에게는 창업 이후부터 지금까지 훌륭한 이념이 확실하게 존재하고 있다. 다만, 그것을 실제로 적용할 때의 방침이나 방식이 지금과는 맞지 않았을 뿐이다. 옛날 방식이라고 해도 바람직한 것은 그대로 유지하는 것이 마땅하지만, 시대의 변화에 따라 개선해야 할 것들은 반드시 바꿔야만 한다.

항상 새롭게 변모할 때 비로소 올바른 경영이념도 영원한 생명력을 갖는다.

단절은 없다

✳

요즘 젊은이들의 사고방식은 내가 젊었을 때와는 전혀 다르다. 그 때문에 나와 같은 세대들 중에는 사고방식의 차이에 의한 단절을 비난하는 이들도 있고, 더러는 단절이 당연하다며 받아들여야 한다고 주장하는 이들도 있다. 그러나 돌아보면 중장년층과 청년층 사이의 벽은 시대를 막론하고 존재했다. 그리고 그것은 사고방식의 차이일 뿐, 결코 단절은 아니다.

단절은 없다. 단지 젊었을 때와 나이 들었을 때, 그리고 노년이 되면서 자연스럽게 생각이 달라지는 것뿐이다. 그 차이는 어쩔 수 없고 당연한 것이라고 여기자. 우리에게는 조화를 위해 다 같이 노력해야 할 의무가 있지 않은가.

❖

파벌은 무조건 나쁘다?

❋

"파벌을 없애자"는 말을 자주 듣는다. 하지만 파벌은 사람들이 모여 있는 곳이라면 어디라도 따라다닌다. 파벌이 만들어지는 것은 인간의 본능이라고도 할 수 있으며, 그것은 좋다 싫다를 따지기 전의 문제다. 그렇다면 차라리 파벌을 그대로 인정하고 활용할 방법을 찾아보는 것은 어떨까. 뿔뿔이 흩어져 있는 것보다 몇 개의 그룹으로 모여 있으면 전체를 만들기도 쉽고, 보다 능률적으로 일을 처리할 수 있기 때문이다.

파벌은 없앨 수 없다. 오히려 있는 편이 득이 된다. 중요한 것은 파벌 자체를 거부하는 것이 아니라, 파벌의 이로움을 살리려는 마음이다.

스스로를 교육하라

✳

교육을 위해서는 좋은 학교와 환경이 필요하지만 그것에
만 의지해서는 안 된다. 나라의 행정이 충실해지는 만큼 환
경도 계속해서 좋아질 것이다. 그러나 환경이 아무리 좋아
져도 우리는 스스로를 다스리고 교육시켜야 한다. 끊임없
는 자문자답과 보다 높은 이상을 추구하지 않으면 결코 제
대로 된 사람이 만들어지지 않는다.

오늘보다 내일, 내일보다 모레, 그렇게 스스로를 발전시켜
갈 때야말로 성장하며 훌륭한 인간이 된다.

역지사지가 회사를 키운다

직원들은 우선, 사장을 비롯한 경영진이 얼마나 바쁘게 일하고 있으며, 얼마나 책임이 큰지 알아야 한다. 직원들을 가르치는 첫걸음이 여기에서부터 시작된다. 또한 직원들은 경영진의 노고를 이해하고, 사장과 임원들은 직원들의 입장에서 그들을 이해하고, 수고에 깊은 감사를 표해야 한다.

이처럼 서로가 서로를 이해하고 고마워하면 어떤 일을 하더라도 성공할 수 있다. 그리고 그런 사고방식이 바로 설 때 그 회사의 미래 역시 밝다.

여럿의 지혜를 모으는 경영

✳

회사를 경영하기 위해서는 여러 사람들의 지혜를 구하지 않으면 안 된다. 무엇보다도 회사가 잘되려면 모든 이들이 경영에 대한 의식을 갖고 있어야 한다. 사장이 아무리 예리하고 탁월한 수완과 역량을 지녔다고 해도, 다른 사람들의 의견을 듣지도 않고 자기 혼자만의 판단으로 모든 일을 결정하는 것은 회사 경영을 망치는 근원이 될 수 있다.

흔히 매우 뛰어난 인재 한 명에게 경영을 맡기면 일이 잘 풀릴 것이라고 생각하지만 그 혼자서 일을 수행하는 것은 불가능하며, 설령 가능하다고 해도 실패로 끝날 것이다. 중요한 것은 모두의 의견에 의지해 어떻게 할지를 궁리하는 것이다.

열정과 열의가 있다면

❋

높은 위치에 있는 리더나 관리자가 지녀야 할 핵심 요소들 중에서 가장 중요한 것은 열정과 열의다. 지혜와 재치가 남들보다 뛰어난, 머리 좋은 경영자라도 회사를 제대로 꾸려 가겠다는 열정과 열의가 없다면 그 밑에 있는 직원들이 '이 사람 밑에서 열심히 일하자'는 마음을 갖기가 어렵지 않겠는가.

비록 자신이 무엇 하나 제대로 가진 것이 없더라도 열정과 열의만 잃지 않는다면 지혜로운 사람은 지혜를, 힘이 있는 사람은 힘을, 재치가 있는 사람은 재치를 그에게 보태어 상황에 맞게 도움을 줄 것이다.

마음가짐이 우선이다

훌륭한 지혜와 재치를 발휘할 수 있는 사람도 마음이 흐트러지면 그 능력을 제대로 발휘하지 못하고, 비관하지 않아도 될 일에 점점 더 움츠러든다. 반대로 마음가짐이 바로 서면 미처 알지 못했던 것들도 제때 알게 되며, 열정과 열의가 더해진다. 그만큼 마음가짐은 중요하다.

어떤 마음가짐을 갖느냐에 따라 같은 일이라도 성과가 달리 나오고, 그 일을 대하는 자세도 달라진다.

일회용품과 경제성

✳

나는 주사를 맞을 때마다 쓰고 버려지는 주사기를 보면서, 한 번 쓰고 버리기는 너무 아깝지 않느냐고 물어보기도 한다. 하지만 주사기를 소독하는 비용과 인건비를 생각하면 한 번 쓰고 버리는 것이 더 저렴하다고 한다. 생산경제성이 어느새 여기까지 올라왔구나 싶어 놀란다. 한 번 쓰고 버리는 것이 낭비가 아니냐고 생각할 수도 있겠지만, 사실은 그 것이 경제 법칙에 맞는다는 것이다. 물론 맞는 말이다. 그래도 아깝다는 생각을 지울 수 없다.

일회용품도 필요하다. 소비는 미덕이다. 그것이 경제적인 경우도 있다. 그래도 아까운 것을 아깝게 여기는 것은 나만의 생각일까?

프로가 된다는 것

＊

예전에 한 공연장에서 단검 던지기 시범을 보았다. 한 여성을 벽에 세워 놓고, 그 여성을 향해 단검을 연이어 던지는 것이었다. 단검은 여성의 몸 바로 옆을 맞추었다. 그것을 보고, '이것이 프로구나' 싶었다. 조금이라도 손을 잘못 놀리면 그 여성의 목숨이 위태로워진다. 그런데 한 번의 실수도 없었다. 그것을 보면서 남들이 하기 어려운 일을 해내는 것이 진정한 프로라고 생각했다.

생각해보면 직장인의 업무도 그와 다르지 않다. 단검 던지기처럼 실수를 용납하지 않는 경지에 이르러야만 제 몫만큼의 급여를 받을 수 있다. 직장인들에게 요구되는 것은 아마추어가 아닌 프로의 정신이다.

어머니의 사랑

✳

나는 지금까지도 어릴 적, 대도시로 일하러 가는 나를 역까지 배웅하러 나오셨던 어머니를 잊지 못한다. 눈물을 흘리시면서, 이것저것 조심하라고 당부하시던 어머니, 기차가 올 때까지 내 손을 놓지 않으셨던 그 따뜻함…….

그처럼 넘쳐흐르는 어머니의 사랑은 지금도 내 마음속에 온전히 남아 있다. 지금까지 일을 해올 수 있었던 것도 언제나 내 장래를 걱정해주셨던 어머니의 끊임없는 기도 덕분이다.

공정함과 신뢰

✳

어떤 일도 그렇지만, 성공하고 발전하기 위해 무엇보다 중요한 것은 속해 있는 사회와 경제가 항상 건전하고, 그 안에서 사람들로부터 신뢰를 얻는 것이다. 사회와 경제가 불공정하다면 불신과 이기심으로 서로를 시기하고 헐뜯기에 급급해진다. 그 결과는 굳이 말하지 않아도 알 것이다.

모두가 건전한 사회인으로 서고, 올바른 경제질서를 만들고, 그 안에서 성공하고 발전할 수 있도록 노력해야 한다. 그리고 동시에 다른 사람들과 조화를 이루며 신용을 높일 수 있도록 배려해야 한다.

생각은 올바른가

✳

더 큰 행복을 추구하려면 무엇보다 생각이 올바르게 서야
한다. 인간은 이 세상에 어떤 존재인지, 어떤 길을 걸어야
하는지에 생각이 바로 서야 한다. 생각이 올바르지 못하면
아무리 노력해도 생각하는 만큼의 결실을 얻지 못하며, 때
로는 그것이 자신을 괴롭히는 원인이 될 수 있다.

이런 의미에서, 리더가 먼저 올바른 인간관과 사회관을 세
우고, 그에 기초해 원칙과 목표를 만들 때 조직은 더욱 견
고해지고 발전한다.

고민은 힘들지만, 그래서 행복하다

✸

누구나 고민이 끊임없으면서도 고민 없이 살기를 바란다. 그러나 나는 고민이 우리 삶에 없어서는 안 되는 요소라고 확신한다. 어떤 일이라도 항상 신경 쓰면 그 일에 좀더 주의를 기울이고, 마침내 큰 실수를 막을 수 있기 때문이다.

이런 이유로 고민을 갖고 있는 것이 오히려 플러스가 된다. 고민을 기회로 바꾸고 싶다면 고민에 지지 않고, 자기 나름의 새로운 견해와 해결책을 찾아내어 고민을 극복해야 한다. 고민되더라도 고민하지 않는 것처럼 행동할 수 있다면 앞으로의 인생은 걱정할 일이 없다.

세계화 시대, 어떻게 대처할 것인가

✳

우리나라는 천연자원이 부족한 나라이기 때문에 앞으로도 세계의 여러 나라들과 밀접한 관계를 맺어야 한다. 이를 무시한다면 다른 나라의 경계 대상이 되거나 미움을 받고, 큰 손해를 입는 것은 우리나라뿐이다.

이에 국민들 모두가 지금까지의 방식을 깊이 반성하고, 우리나라의 강점과 약점을 국민들 모두가 인식하고, 그에 어울리는 새로운 사고가 절실하다. 그리고 그것을 후대에 전해주어야 한다. 우리나라와 우리 국민들이 가진 독특한 배경과 특성을 제대로 알아야 하고, 그와 함께 세계화 시대에 알맞은 방법을 진지하게 궁리해야 한다.

생각의 차이

✳

동서양을 막론하고 옛날 상인들은 언제 날아들지도 모르는 화살에 죽을 수도 있다는 각오로 혼란한 전쟁터 속에서도 장사를 했다.

지금은 그때와는 전혀 다르다. 그럼에도 많은 이들이 예전과 비교하면 요즘이 장사하기가 더 어렵고, 경제가 위기라고 말하는데, 그래도 옛날보다는 지금이 장사하기가 훨씬 편해졌다. 장사하기에 지금보다 더 좋은 기회는 없다고 말하고 싶다.

생각을 고쳐먹고, 자신의 사업을 다시 한 번 검토하며, 창의성을 불어넣으면 그 어떤 난관도 헤쳐 나갈 수 있다.

공평함이 최고의 법이다

✴

법을 적용함에 있어서 어떤 경우라도 불공평한 점이 있어서는 안 된다. 그것은 회사나 단체의 규율이나 제도에도 마찬가지로 적용된다. 회사의 규칙은 신입사원에서 사장에 이르기까지 모두 지킬 수 있도록 하고, 만약 이를 어겼을 때는 누구든 똑같은 처벌을 받게 해야 사내의 질서가 유지되고 직원들의 사기도 오른다.

그래서 리더는 항상 공평함을 견지해야 한다. 이해득실이나 상대의 지위, 혹은 강자와 약자를 따지지 않고 무엇이 옳고 그른지 판단해서, 공평하게 상을 주어야 할 사람에게는 상을 내리고, 벌을 받아야 할 사람에게는 벌을 내리는 자세를 엄격히 지켜야 한다.

사장이라는 마음가짐으로 일하라

✳

한 청년이 공장을 팔겠다고 나를 찾아왔다. 나는 그의 이야기를 듣고 "자네가 내 회사로 들어와서 그 공장의 경영을 맡겠다고 한다면 사도록 하지"라고 했다. 그러자 그는 "제가 사장이기 때문에 지금 다니는 회사를 그만둘 수는 없습니다"라고 딱 잘라 말했다. 무슨 말인가 싶었다. "자네, 그 회사의 직원 아니었나?"라고 물었고, 그는 "맞습니다, 직원입니다. 하지만 마음만은 사장입니다"라고 답했다. 그 말을 듣고 나는 그를 다시 보았다.

당신도 그와 같은 마음가짐으로 일한다면 새로운 것을 많이 발견할 것이며, 항상 새롭게 성장할 수 있을 것이다.

장단을 맞춰주는 사람

✳

같은 이야기를 들어도 감탄이 절로 나오는 사람이 있는 반면, 시시한 이야기라며 실망부터 하는 사람도 있다. 이야기의 내용에 따라 달라질 수는 있겠지만, 그래도 상대방의 이야기에 공감하고 그 이야기에 장단을 맞춰주는 사람과 가까이 하고 싶은 것은 인지상정이다.

인생이든 사업이든 성공의 열쇠는 그 속에 있는지 모른다. 남의 말을 듣고, 거기에 휩쓸리지 않으면서도 이야기하는 상대를 북돋아주는 사람, 그처럼 유연한 마음을 배우고 익혀야 할 때다.

사장의 일

✳

사장은 종업원이 만 명일 경우 만 명의 걱정을 짊어지는 사람이다. 그 때문에 걱정으로 밤을 지새울 때도 있다. 잠을 잘 수 없을 만큼 괴롭고 힘들지만 그것이 사장의 일이다.

사장이 걱정 하나 없이 느긋하게 지낼 수 있는 회사는 없다. 잠 못 이루고 고민하는 것이야말로 사장의 참모습이고 거기에 사장의 보람이 있다. 이런 사고방식이 시대를 헤쳐 나가는 힘이 된다.

길이 막히면 세상에 물어라

누구라도 일상의 업무나 생활에서 망설일 때가 있다. 아무리 자신의 일에 보람을 느끼고 있다 하더라도 망설임은 생긴다. 그것을 어떻게 해결해야 할까? 나라면 많은 사람들의 의견을 들어볼 것을 권한다. 이 넓은 세상에서 해답을 구하라. 세상은 교실이며, 우리의 성장을 위한 수련장과도 같다. 크게는 사회에, 작게는 동료 혹은 친구들에게 묻다 보면 어디로 가야 하는지 방향이 보일 것이다.

물론 확실한 조언이 아닐 수도 있다. 하지만 충분하지는 않더라도 어느 정도의 답은 반드시 돌아온다. 우리가 해야 할 일은 순수한 마음으로 그 답을 찾는 것이다.

왕의 자리, 재상의 자리

✳

일반적으로 최고경영자는 적극적으로 나서고 임원은 내조하는 역할을 맡는다. 하지만 원칙적으로, 최고경영자는 사람 좋다는 소리를 듣고, 임원은 어떤 일이든 척척 해낸다는 소리를 들을 수 있어야 바람직한 조합이다. 즉, 경영진을 구성할 때 덕이 있는 사장과 실행력이 뛰어난 임원을 앉히는 것이 안정감 있는 구성이다.

왕은 덕을 내세우고, 밑으로 현명한 재상을 두어야만 모든 일은 덕망으로 이루어진다. 이것은 기업 경영에도 마찬가지다.

필요 없는 것은 없다

·✳·

누구나 저마다 처한 입장이 다를 것이다. 하지만 그 자리나 처한 상황이 힘겹더라도 그 일을 못하겠다고 할 만큼의 경우는 없다. 어떤 일은 필요 없거나 어떤 것은 필요한 일도 없다. 이 세상에 존재하는 모든 것이 필요하고, 이 세상 모든 것이 그만한 존재 가치가 있다.

이렇게 생각하면서, 내게는 무엇이 적합하고 어떤 소질이 있는지, 내가 어느 곳에서 나만의 사명을 찾고 몰두해야 하는지 생각하고, 신념을 가져야 한다.

·✤·

마음가짐이 기본이다

✳

경영을 할 때 가장 어려운 곳이 판매 부문이다. 새로운 제품을 만드는 것도 힘들기는 하지만, 판매만큼 특별한 묘안을 찾기가 여간 어려운 곳도 없을 것이다.

이렇다 할 묘안이나 묘책이 없는 판매의 세계에서, 차별화하고 성공적으로 판매하기 위해 무엇이 기본이 되어야 하는지 묻는다면, 나는 마음가짐에 달렸다고 말한다. 어떻게 하면 고객이 기뻐하고, 어떻게 하면 만족할지 항상 궁리해야 하며, 그런 마음가짐이 밑바탕에 있을 때 판매하는 사람의 말과 태도에도 깊은 맛이 우러나며, 더 많이 팔 수 있다고 나는 확신한다.

실패를 솔직하게 인정하라

✶

위대한 업적을 이루기 위해서는 남들이 모르는 실패를 거듭한다. 숱하게 실패하고, 그때마다 무엇인가를 발견하는 과정을 반복하면서 성장한다. 그 안에서 원대한 포부를 품고, 위대한 업적을 이루는 것이 아닐까.

중요한 것은 실패로 곤란한 상황에 처했을 때 그것을 실패라고 솔직하게 인정하는 것이다. 실패한 원인을 철저하게 파악하고, "좋은 경험이었고, 소중한 교훈을 얻을 수 있었다"고 말할 수 있을 만큼 마음을 여는 사람일수록 진보하고 성장한다.

맡겨도 맡기지 않은 듯

❋

'좋아해야 일도 빨리 는다'는 말처럼, 나는 남에게 일을 맡길 때
는 그 일을 하고 싶어하는 사람에게 맡기는 것을 원칙으로 한
다. 그리고 일을 맡겼더라도 항상 그에게 애정을 기울인다. 중
간중간 보고를 받고, 문제가 있을 때는 적절한 조언과 지시를
내린다. 그것이 경영자가 보여주어야 할 자세다.

나는 이를 '맡겨도 맡기지 않은 듯한 경영'이라고 부른다. 그에
게 그 책임을 맡겼다고 해서 결코 방치하지는 않는다. 나는 인
재를 그렇게 키웠다.

꾸중을 듣는 행복

＊

나를 꾸짖는 사람이 있다는 것은 큰 행복이며, 그런 사람이 없
다는 것은 외로운 일이다. 어떤 사람이라도 많이 꾸중을 들어
야 발전할 수 있다.

꾸중을 들었다고 반감을 품고 불쾌한 태도를 보인다면 다시
꾸중을 들을 수 있는 기회를 잃고, 이후의 발전은 그 자리에서
멈추고 만다. 꾸중을 듣는 것은 자신을 향상시키는 중요한 발
판이라고 생각하고 받아들여라.

결코 혼자 살 수는 없다

✳

인간생활의 모든 일은 혼자의 힘만으로는 할 수 없다. 옷과 음식 역시 다른 사람들의 노동으로 만들어졌다. 나 또한 다른 형태의 노동을 남에게 제공하기에 공동생활이 이루어지는 것이다. 즉, 우리 모두가 노동을 교환한다. 땀흘려 일하지 않은 채 받기만을 바란다면 그 사람은 쓸모가 없다. 오히려 마이너스라고 할 수 있다. 플러스와 마이너스가 결합해 제로 이상이 되지 않고는 도움 되는 사람이라고 할 수 없다.

세 개를 받으면 네 개를 줄 수 있는 사람이 되어야 한다. 정신적인 면에서도 그렇다. 사람들에게 보다 높은 사고방식을 전할 수 있는 것, 그것이 사람으로 태어나 사회에 도움을 주는 참된 모습이다.

✤

6
믿음은 결코 배반하지 않는다

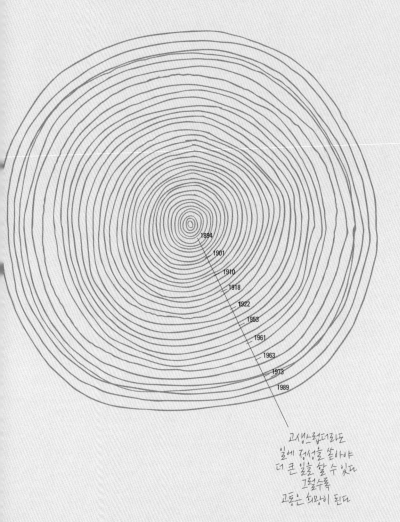

1894
1901
1910
1918
1922
1953
1961
1963
1973
1989

고생스럽더라도
일에 정성을 쏟아야
더 큰 일을 할 수 있다
그럴수록
고통은 희망이 된다

진검승부

장사는 진검승부를 하는 것과 같다. 진검승부에서 누군가의 목을 베거나 베이지 않고 승부가 결정되는 경우는 없다. 사업도 마찬가지다. '경우에 따라 손해도 보고 이익을 보겠지만, 그 과정을 반복하다 보면 성공하겠지'라고 짐작한다면 실패를 자초할 뿐이다.

일이 잘 풀리지 않는 것은 환경이나 시기 혹은 운 때문이 아니다. 자신의 경영 방식에 문제가 있음을 깨달아야 한다. 진정한 경영자나 상인은 오히려 불경기에 더 발전할 수 있는 기초를 다진다. 중요한 것은 일반적이고 신념이 없는 사고방식을 바꾸는 것이다.

주체적으로 생각하는가

리더는 어떤 상황에서도 '이렇게 하자', '이렇게 하고 싶다'는 자신만의 의견을 갖고 있어야 한다. 자기 생각을 확립한 후에 다른 사람의 의견을 참고하여 받아들여야 한다. 자기 의견은 하나도 없이 단순히 남의 의견에 따르기만 할 뿐이라면 리더가 존재할 의미가 없다.

리더는 리더다운 주체성을 확실히 잡고 있어야 한다. 주체성을 유지하면서 아랫사람의 의견을 경청하고, 자신의 권위를 적절히 활용할 수 있을 때 비로소 리더로서 존경받고 리더의 역할을 할 수 있다.

자연에서 배우다

자연이 만드는 일에는 그 어떤 사심이나 구애도 없다. 자연의 뜻과 마찬가지로 모든 것이 있는 그대로 움직이고, 있는 그대로의 모습으로 살아간다. 꽃 한 송이도 그 나름의 꽃을 피운다. 그 꽃을 보면서 어떤 느낌도 갖지 못하는 사람도 있지만, 겸손하려고 노력하는, 의지가 강한 사람이 본다면 거기서 영감이 떠오른다.

이런 생각을 할 때마다, 겸허한 마음으로 자기 일에 최선을 다하는 것, 그것이 자연이 우리에게 주는 교훈이 아닐까 싶다.

결과가 아니라 과정에서

일을 처리할 때 그 일의 성과를 소중히 하는 것은 물론 일을 하는 과정도 소중하게 여겨야 한다. 그렇게 해야 자연스럽게 겸허함이 생겨나 경솔한 판단을 막을 수 있다. 회사도 마찬가지다. 마쓰시타전기는 지금처럼 성장하기까지 수많은 어려움을 거쳐 왔다. 하지만 그때마다 경영자와 직원들 모두가 마음을 합쳐, 참고 견디면서 신중한 자세로 끊임없이 노력해왔다. 어려움을 이겨낸 과정이 있었기에 지금에 이른 것이다.

결과가 아니라 과정에서 하나가 되는 것, 그것이 회사가 발전하는 길이다.

상인의 자세

상도덕이란 무엇인가? 이를 설명하기 위한 이론도 있기는
하지만, 쉽게 생각했을 때 상도덕은 상인으로서의 마음가
짐이다. 이는 예나 지금이나 영원히 변하지 않는다. 상인에
게는 상인의 사명이 있기 때문에 그것을 성실히 이행하며,
한결같아야 한다.

상도덕은 사람들에게 도움 되는 제품을 만들고, 합리화를
도모해 적정한 이익을 취하되, 가격은 더 내려가도록 노력
하며, 최대한 낭비를 줄이도록 하는 것을 말한다. 이것은 어
떤 장사를 하더라도 공통된다.

모르기에 시작할 수 있다

운명은 참 신기하다. 사람들은 저마다 자신만의 뜻을 세우지만, 그렇다고 좀처럼 생각대로 되지도 않고, 실현하기도 어렵다. 그리고 자기가 바라는 것과 반대되는 길이 자신과 맞아떨어져서 성공하는 경우도 있다.

그래서 한 가지 일에만 신경 쓰는 것은 좋지 않다. 세상 돌아가는 일에서 내가 아는 것은 전체의 일 퍼센트도 안 된다. 처음부터 아는 것이 하나도 없다는 겸허함으로 지금 하는 일과 마주하라.

"우리 직원들은 정말 대단해"

어떤 회사의 사장은 "우리 회사 직원들은 능력이 모자라는데, 그게 고민이네"라며 자기 직원들을 험담하기도 한다. 그런 회사는 열이면 열, 모두 회사가 제대로 운영되는 곳이 없다. 그와는 반대로, "우리 직원들은 능력이 뛰어나서 기분이 너무나 좋아"라고 말하는 사장이 있는 곳은 실적과 매출이 같이 올라간다.

윗사람이 아랫사람을 존경하는지 여부에 따라 일의 성패가 달라진다. 그 속에 경영과 인재 활용에 대한 요령이 숨어 있다.

부의 본질

시대의 흐름에 따라 부에 대한 생각도 바뀐다. 이전까지는 축적된 물자의 정도로 부를 가늠했지만 경제가 진보한 지금은 물자를 생산해낼 수 있는 능력, 즉 생산력이 참된 부의 척도다.

하지만 생산력만 늘린다고 되는 것은 절대로 아니다. 생산은 반드시 소비에 상응해야 한다. 아무리 생산해도 그것이 소비되지 않으면 가치가 없다. 따라서 생산력과 소비력의 균형을 맞추면서 늘려가는 것이 부를 증대하는 길이며, 번영으로 가는 길이다.

고생을 희망으로 바꿔라

일을 할 때 요령을 체득하는 것은 결코 쉬운 일이 아니다. 일에 정성을 쏟아 부어야 요령도 생긴다. 그래서 요령을 체득하는 것은 또 하나의 고생이라고 생각하기도 한다. 하지만 고생스럽더라도 일에 정성을 쏟아야 더 큰 일을 할 수 있다. 그럴수록 고통은 희망으로 바뀐다.

난관에 굴하지 않고 자신을 격려할 때 자아 완성과 자기 단련도 가능하다.

누구와도 바꿀 수 없는 시간

예전에 한 지인으로부터 "아들이 자네를 만나고 싶어하는데, 십 분이라도 좋으니 한번 만나줄 수 없겠는가?"라는 부탁을 받은 적이 있었다. 그래서 십 분이면 괜찮겠다는 생각으로 그의 아들과 만났는데, 다음 날 그의 아들이 "너무나 큰 도움이 되었다"고 한 말을 전해 들었다.

내가 그 정도의 가치가 있다고 생각하지는 않지만, 그래도 그 아들의 생각은 훌륭했다. 다른 사람의 시간을 빌려서 이야기를 들을 때, 굳이 그것을 돈으로 평가할 필요는 없더라도, 단순히 이야기를 들었다는 것으로 끝나지 않고 그 행위에 감사하고 감동을 받아야 마땅하다는 것을 나는 그의 아들로부터 배웠다.

회의를 했으면 실행하라

많은 회사들이 워크숍과 같은 행사를 통해 조직이 반성해야 할 점과 목표를 확인한다. 하지만 단순히 앞으로 어떻게 해야 할지를 알았다는 것만으로는 안 된다. 반드시 실행이 뒤따라야 한다. 실행이 없는 한 그런 행사를 백 번 하더라도 그것은 비용과 시간 낭비로 끝나버리고 만다.

회의는 한 번이면 되고, 회의를 했으면 그 다음은 바로 실행이다. 그렇게 해야 성과를 올릴 수 있다. 첫째도 실행, 둘째도 실행이다.

당신이 알고 내가 알고 있으니

중국 후한시대에 청렴결백하기로 유명한 양진이라는 정치가가 있었다. 그가 지방의 태수로 부임되어 내려갔을 때, 예전에 자신을 돌봐주었던 왕밀이 한밤중에 그를 찾아와서는 많은 양의 황금을 건네려고 했다. 그가 받기를 거절하자 왕밀은 "아무도 보지 않는 시간이고, 우리 둘밖에 없으니 아무도 모를 것이오"라고 말했다. 이에 그는 "아무도 모른다고 하지만 당신이 알고 내가 알고 있지 않습니까!"라고 말했다.

남이 알고 모르고를 떠나, 내 마음에 물어보고 거리낌이 없는지, 공명정대하다는 판단이 섰는지를 따져보라.

너그러움과 엄격함 사이

너그러움만 있으면 사람들은 안이해지고, 성장할 수도 없다. 엄격함만 있으면 사람들은 위축되고, 개개인의 자주성도 가질 수 없다. 그 때문에 관대함과 엄격함의 중용을 지키는 것이 중요하다. 하지만 이는 단순히 엄격함과 관대함을 반반씩 섞어서 갖추라는 말은 아니다. 엄격함은 적을수록 좋다. 이십 퍼센트의 엄격함과 팔십 퍼센트의 관대함, 혹은 엄격함 십 퍼센트에 관대함 구십 퍼센트 정도를 유지하는 것이 좋다. 하지만 둘의 비율만을 따지기보다는 비율을 유지하면서 얼마나 사람들을 잘 활용할 수 있을지에 초점을 두는 것이 가장 바람직하다.

서비스 그 이상의 서비스

아무리 좋은 상품이 있어도 서비스가 그것을 따라잡지 못한다면 고객을 만족시킬 수 없다. 서비스에 부족함이 있다면 고객의 불만을 사고, 상품의 신용을 떨어트리는 결과를 낳는다. 그 때문에 서비스가 어떤 의미로는 제조나 판매보다 더 중요한 요소다.

서비스는 어떤 일을 하더라도 늘 따라다니며, 어떤 경우라도 고객이 만족할 수 있는 서비스로 선사해야 한다. 그런 자세로 임해야만 견실하게 성공할 수 있다.

정말 몰두하는가

빈틈이 없는 사람은 자칫하면 비판이 앞서, 눈앞에 있는 일에 완전히 몰입하지 못하는 경우가 많다. 그 때문에 뛰어난 두뇌와 지혜를 갖고 있으면서도 비판만 하다가 간단한 일조차 만족스럽게 해내지 못하곤 한다. 반면에 '하나밖에 모르는 바보'라고 불릴 정도로 전심전력을 다하는 사람이 오히려 존경을 받고, 보는 것만으로도 고개가 숙여지곤 한다. 일에서 성공하느냐 못 하느냐는 두 번째 문제다. 중요한 것은 일에 몰두하는 것이다. 비판은 그 다음이다. 몰두할 수 있어야 한다. 그런 노력은 반드시 결실을 맺게 마련이다. 그렇지 않다면 과연 어디에서 성공의 열매를 구할 수 있을까.

상식을 깨라

상식은 상상 이상으로 우리의 머릿속에 뿌리 깊이 박혀 있다. 하지만 그 상식을 존중하면서도 때로는 그 상식에서 자신을 해방시켜야 한다. 이를 위해서는 강한 열의가 먼저 요구된다. 열의가 끓고 있는 사람이라면 반드시 새로운 길을 만든다. 상식으로는 도저히 생각할 수 없는 일도 해내고, 운명을 개척하며, 새로운 발명과 발견을 이끌어낸다.

하지만 상식을 깨기 위해 상식에서 벗어난 짓을 하는 것은 세상을 어지럽히고 주위에 폐를 끼칠 뿐이다. 이와는 달리 열의를 불태우는 곳에는 새로운 생각이 잇달아 떠올라, 필연적으로 상식이 바뀐다.

우리는 혼자 설 수 없다

다른 나라들 그리고 그 나라 사람들이 우리나라와 좋은 관계를 유지해주고 있기 때문에 우리나라가 평화롭게 살고 있고 풍요를 누리고 있다. 이런 자각이 설 때 비로소 다른 나라나 그 나라 사람들에게 겸허한 마음이 우러난다. 그런 마음가짐이 있다면 우리가 먼저 전 세계와 모든 사람들을 보살필 일을 찾아 나서야 한다.

뛰는 놈 위에 나는 놈 있다

검술을 배우기 시작할 때, 조금이라도 능숙해지면 남들이 자신보다 약한 것처럼 보이고, 칼자루만 쥐면 누구든 자신이 이길 것 같은 생각이 든다. 자신의 실력이 상당하다고 생각할지도 모르지만, 일단 어느 정도의 수준을 넘어서면 뛰는 놈 위에 나는 놈이 있고, 나보다 뛰어난 사람들이 많다는 것을 깨닫는다. 그래서 자연스럽게 겸허해지고, 그들을 본보기로 삼아 검술의 본질을 더 깊이 파고들게 마련이다. 경영도 마찬가지로, 경영자로서 경험을 쌓으면 쌓을수록 경영이 얼마나 심오한지 깨닫는다.

이것으로 되었다고 할 것이 아니라 보다 좋은 방법, 보다 좋은 길을 찾으려는 자세가 중요하다.

아름다움과 추함

우리 집 근처에는 연못이 있다. 그 주변에 있는 나무들이 수면에 비치는, 참으로 운치 있는 연못이다. 그런데 한동안 비가 내리지 않아서 이 연못이 바닥을 드러냈다. 어떤 것도 비출 수 없는 흉한 바닥이었다. 아름다움의 이면에는 이런 추함이 있구나 싶었다.

우리도 마찬가지가 아닐까. 아름다움과 추함이 공존하는 곳에 진실이 있다. 아름다운 것에만 사로잡혀 반대편의 추함을 추궁하기에 바쁜 것은 진실을 모르는 것과 같다. 따뜻하고 너그러운 마음으로 서로를 대하는 것이 함께 사는 밝은 삶을 위해 중요하지 않을까.

해야 할 말은 하라

아랫사람을 이끌고 있는 사람은 자기 한 사람만의 직무를 완수하면 되는 것이 아니라 그들과 함께 일의 성과 전체를 높이지 않으면 안 된다. 이를 위해서는 무엇보다 아랫사람에게 성의를 갖고, 할 말은 하고, 이끌어야 할 것은 마땅히 이끌어주어야 한다.

주의를 주어야 할 때 '주의를 주면 불평할 테고, 그러면 귀찮아질 테니까'라는 생각에 아무 말도 하지 않고 내버려두어서는 안 된다. 아랫사람이 해야 할 일이라면 당당하게 요구하고, 그것을 단호하게 추진해야 한다. 아랫사람은 그렇게 하지 못하는 윗사람을 못 미더워한다.

사업은 사람에게 달려 있다

'사업은 사람에게 달려 있다'는 말이 있는데, 그 말 그대로다. 무엇을 하더라도 적절한 사람을 얻어야만 발전도 가능하다. 아무리 훌륭한 역사와 전통을 가진 기업이라도 그 전통을 바르게 계승해갈 사람을 구하지 못하면 쇠락하고 만다. 물론 경영에 조직의 구성이나 방법도 중요하지만 그것을 활용하는 것은 사람이다. 아무리 완벽한 조직을 만들고 새로운 방식을 도입한다고 해도 그것을 살려 나갈 수 있는 사람을 얻지 못한다면 성과는 오르지 않고, 그에 따라 기업의 사명도 달성할 수 없다.

기업이 사회에 공헌하면서도 스스로의 힘으로 크게 발전할 수 있을지는 전적으로 사람에게 달려 있다.

아는 것이 아무리 많아도

예전에 한 상점의 금고가 가스 용접기로 절단되어, 안에 있던 돈이 전부 없어진 사건이 일어났다. 도둑이 용접 지식을 이용해 금고문을 녹인 것이다. 아무리 지식이 많아도 인간의 마음, 즉 양심이 없다면 그와 같은 나쁜 방향으로 마음이 움직여, 오히려 지식이 원수가 되고 만다.

오늘날에는 새로운 지식을 쌓지 못하면 생활이 어려워진다고 할 정도로 지식은 중요하다. 그만큼 지식에 걸맞은 인간, 양심을 기르는 것이 우선 되어야 하지 않을까.

중소기업의 강점

흔히 중소기업은 부족하고 약하다고들 한다. 하지만 내가 보기에 중소기업만큼 자신의 능력을 충분히 발휘하면서 일하기 좋은 곳은 없다. 종업원이 스무 명에서 오십 명 정도의 기업이라면 서로의 마음과 행동을 잘 이해할 수 있어서, 척하면 척하고 알아들으므로 일하기도 수월하다.

그리고 대기업에서는 개인의 능력을 칠십 퍼센트밖에 활용하지 못하는 경우가 있어도 중소기업에서는 백 퍼센트 활용할 수 있고, 방법에 따라서는 이백 퍼센트까지도 활용할 수 있다. 이것이 중소기업만의 강점이다. 이 강점을 적극적으로 활용하고 더욱 키우는 중소기업들을 기대한다.

역사를 보는 방법

오늘을 만든 것은 어제의 땀과 정성이다. 그리고 이후의 역사는 우리들의 노력 여하에 따라, 선조들의 업적과 유산을 어떻게 받아들이고 어떻게 전수하느냐에 따라 달라진다. 이런 의미에서라도 역사의 장단점을 올바르게 인식해, 좋은 부분은 계속해서 이어가야 한다. 흥미 본위로만 다룰 것이 아니라, 보다 아름다운 면도 같이 보려는 노력을 게을리 해서는 안 된다.

그래도 보고해야 하는 이유

어떤 지시를 받고 그것을 수행하면서 당신은 "이번 일은 이렇게 되었습니다"라고 보고하는가?

어떤 문제가 발생했을 때는 물론 아무 일이 없을 때라도, 아무 일도 없는데 그걸로 그만이라고 생각하지 말고, 우선 보고해야 한다. 일의 결과가 좋으면 좋은 대로 보고해야 한다. 그러면 보고받는 사람도 "잘 해냈군"이라면서 기분이 좋아질 테고, 안심할 수 있다. 척하면 척, 이심전심이라고나 할까, 서로 마음을 터놓는 사이일수록 반드시 지시한 사람의 기분을 살피면서 보고해야 한다. 그런 작은 배려가 신뢰를 형성한다.

냉정한 태도

사람은 누구나 곤란한 일을 만나면 두려움을 느끼거나 동요한다. 리더도 사람인지라 불안을 느끼고 근심에 빠지는 것은 당연하다. 그러나 속으로는 그렇더라도 그것을 경망스럽게 드러내서는 안 된다. 리더의 태도에 따라 사람들은 민감하게 반응하기 때문이다. 그것은 금세 모든 이들에게 퍼져 전체의 사기를 떨어뜨릴 것이다.

그러므로 리더는 언제나 일을 함에 있어서 냉정을 잃지 않도록 스스로의 마음을 단련시켜야만 한다. 어떤 어려움을 만나더라도 안정된 태도로 대처하겠다는 마음가짐을 갖추어야만 한다.

잔꾀는 반드시 되돌아온다

꾀를 부리는 사람이 적지 않다. 약육강식은 흔한 일이라고 여기거나, 멍하니 있다가는 극심한 생존경쟁에서 밀려나리라는 생각에, 어떻게든 남들보다 한 발이라도 더 앞서고 싶은 마음에 꾀를 부린다. 하지만 그런 잔꾀는 자연의 섭리를 거스르므로 성공할 확률도 적다.

꾀를 부리는 것은 지혜와 재치를 내모는 것이나 다름없다. 지혜와 재치는 인간에게 주어진 위대한 기질이지만 그것은 어디까지나 바른 목적만을 위해 사용해야 할 것으로, 사악한 계략을 내는 데 이용해서는 안 된다.

몸과 마음을 바칠 수 있는가

앞일은 모른다고 하더라도, 적어도 지금은 당신의 인생을 위해, 몸과 마음을 당신이 몸담은 곳에 맡기고 있다. 회사와 끝까지 함께하겠다는 마음가짐을 갖고 있는가? 이런 각오로 일한다면 일의 성과는 예전과 비교할 수 없을 만큼 향상될 것이며, 회사나 주위에서 당신의 그런 모습을 높이 평가할 것이다.

나쁜 말을 새겨들어라

리더가 일을 진행할 때, 많은 사람들로부터 다양한 의견과 정보를 듣는 것은 당연하다. 그리고 이때 중요한 것은 듣기 좋은 말보다는 듣기 불편한 말을 많이 듣는 것이다. 즉, 칭찬의 말, 일이 순조롭게 진행되고 있다는 말보다는 "여기는 이렇게 하지 않으면 안 됩니다"라는 말, 나쁜 점을 지적하는 정보를 열심히 들어야 한다.

그런데도 불구하고 그런 정보는 리더의 귀까지 들어오기가 여간 힘든 게 아니다. 그렇기 때문에 리더는 가능한 한 듣기에 언짢은 말이나 안 좋은 정보들을 들으려 하고, 또 그것을 받아들이기 쉬운 분위기로 만들어야만 한다.

특별한 건강법은 없지만

❖

나는 어렸을 때부터 병약했지만, 무아지경이 될 만큼 열심히 일해야만 하는 시기를 거치면서 건강해졌고, 그 덕에 지금도 건강하게 살고 있다. 특별한 건강법이 없는 나로서는 그때를 생각하면 대단히 고마우면서도 한편으로는 불가사의한 일이 아닐 수 없다.

지금까지 내가 걸어온 길을 되돌아보면, 나는 하나의 일이 성취되면 바로 그 다음의 일을 시작했고, 끊임없이 목표를 세워서 노력해왔다. 돌아보니, 그처럼 끊임없이 노력했던 과정 속에는 보람과 더불어 죽을 것 같지만 죽을 수도 없는 긴장감이 가득했다. 그 속에서 삶의 보람을 느끼며 하루하루를 보내왔다.

자신의 능력을 알고 일하라. 끊임없이 자신의 능력을 살펴보고,
적성에 맞는 업무를 해나갈 때 일의 보람을 느끼고
큰 행복을 느낄 수 있으며,
나아가 회사와 세상에도 공헌할 수 있다.

୬୭　　마음은 바로 섰는가　　ଙ

7

마음은 나를 보고 있다

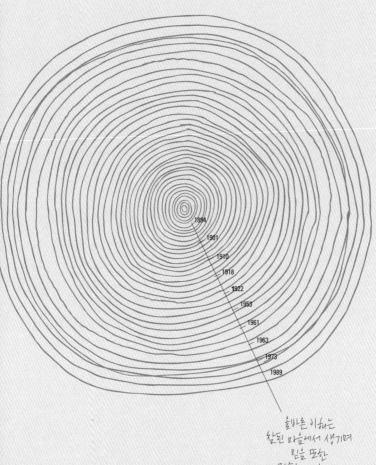

1894
1901
1910
1918
1922
1953
1961
1963
1973
1989

올바른 이해는
참된 마음에서 생기며
믿음 또한
진솔한 마음에서
시작하고 더 커진다

솔직한 마음

바둑을 배우는 사람이 초단이 되려면 약 만 번의 대국을 거쳐야 한다고 한다. 솔직한 마음도 이와 같지 않을까. 솔직한 마음을 갖고 싶다고 아침저녁으로 생각하면서 끊임없이 이어지는 일상에 얽매임은 없는지를 반성해야 한다. 이를 한 해 두 해 계속하면서 만 번이 될 때까지, 그렇게 약 삼십 년이 지나면 솔직한 마음이라고 할 만큼의 단계에 도달할 수 있다.

솔직함의 초단을 땄을 때 비로소 사람 구실을 할 수 있는 솔직함을 갖추었다고 말할 수 있다. 그러면 잘못된 판단이나 행동은 하지 않으리라고 생각한다.

경영능력의 중요성

사업을 키울 때 경영능력이 중요하다는 것은 굳이 언급할
필요도 없다. 더불어 가장 이상적인 것은 그렇게 중요한 경
영능력을 경영자 자신이 갖고 있는 것이다. 그러나 현실은
그런 경영자들만 있는 것은 아니다. 만일 경영자가 자신은
경영능력이 없다고 여길 때는 적당한 파트너를 구하면 된
다. 경영능력의 중요성을 잊지 않는다면 취할 수 있는 방법
은 얼마든지 있다.

옳고 그름

보통 사람들은 수의 크고 작음이나 힘의 세기 등에 근거해 판단한다. 그것을 중심으로 생각하는 편이 나을 때도 있다. 하지만 그것은 일상적인 것들이나 사소한 일들에 한해서만 그렇다. 큰일을 결정할 때는 이해와 손익 관계를 뛰어넘어 무엇이 옳은가 하는 관점에서 판단하지 않으면 일을 그르친다. 그것을 가능하게 하는 것이 바로 통찰력이다.

아울러 힘 있는 사람에게는 거역하지 않고 순종하는 것이 상책이라는 풍조가 만연되어 있는 지금, 리더는 마땅히 옳은 것은 옳다고 말하고 잘못된 것은 잘못되었다고 말할 수 있어야 한다.

마음으로 호소하라

자신이 생각해낸 안건이 채택되기를 바란다면 제시할 때 나름의 방법이 있어야 한다. 그것은 판매자가 물건을 파는 것과 같다. "이거 좋은 거니까 사시오!"라는 식의 건방진 말투로는 절대로 물건을 팔 수 없다. 여기서 중요한 포인트는 물건을 파는 방식이다.

물건을 파는 경우에는 여러 가지 설명을 총동원할 수 있고, 다양한 방식으로 광고할 수도 있다. 그러나 핵심은 성심성의를 다해 호소하는 것이다. 제안할 때도 마찬가지다. 성의를 담아 기쁜 마음으로 호소하고, 그런 자세를 잃지 않는 것, 그것이야말로 다른 어떤 것보다 중요하다.

책임을 삶의 보람으로

사람은 성장함에 따라 책임감도 더 무거워진다. 그리고 성인이 되면 법적으로도 어렸을 때와는 전혀 다른 책임을 가지며, 높은 자리로 올라갈수록 책임도 그에 따라 무거워진다. 그러나 사람은 점점 더 많은 책임을 지는 위치로 오를수록 사람으로서의 가치가 더해진다. 자기가 져야 할 책임이 커질수록 가치도 점점 더 올라간다. 그 때문에 책임을 짊어지는 것, 거기에 삶의 보람이 있다. 책임을 지는 것에 사는 보람을 느끼지 못한다면 그는 결코 제대로 된 어른이라고 할 수 없다.

사장은 차를 내오는 자리

세상의 풍조가 바뀌었다. 사장의 말이라고 해서 그것이 바로 먹히는 시대는 끝났다. 그 때문에 듣기에는 명령처럼 들릴지라도 사실은 부탁하는 것이라는 마음가짐을 갖지 않고서는 사장의 직책을 수행할 수 없다.

이와 같은 마음을 지니면, 직원이 어떤 일을 마쳤을 때 "정말 고맙네. 수고했어. 차라도 한잔 어떤가?"라는 반응이 나올 것이다. 그래서 나는 사장이란 '차를 내오는 것이 일이다'라고 생각하고 사람들에게도 같은 말을 한 적이 있다. 물론 실제로 차를 준비하는 것은 아니겠지만, 그런 마음가짐으로 일에 임하는 것이 사장에게는 중요하다.

믿는 것과 이해하는 것

번영, 평화, 행복을 보다 빠르고 보다 크게 만들려면 믿음과 이해, 이 두 가지를 같이 지켜나가지 않으면 안 된다. 이를 믿어야 열의를 가질 수 있고, 믿음으로 나아가려면 먼저 바르게 이해해야 한다. 이해를 버리면 쉽게 미신에 빠지는데, 그렇다고 이해만 하고 믿음이 없으면 신념에 나약함을 싹 틔우기 때문이다.

믿음과 이해를 지켜나가려면 어떻게 해야 할까? 먼저 솔직해져야 한다. 올바른 이해도 참된 마음에서 생겨나며, 믿는 것 또한 진솔한 마음에서 시작해 더 커지기 때문이다. 마음에 꾸밈이 없고, 믿음과 이해가 함께 커지면 어떤 경우에도 그에 맞게 행동할 수 있다.

결점을 알려라

높은 자리에 있을수록 자신의 결점을 알고 있어야 하며, 동시에 그것을 아랫사람에게 알림으로써 자신의 결점을 보완하는 것이 중요하다. 아랫사람이 전지전능하지 않은 것처럼 위에 있는 사람도 완전무결하지 않다. 아랫사람보다 결점이 적을 수는 있겠지만, 결점이 전혀 없는 사람은 없다.

결점이 많은 사람이 자기 혼자 힘으로 일을 해나가려고 한다면 그 일은 반드시 실패할 것이다. 그러므로 자신의 결점을 아랫사람에게 알리고 그것을 그들로부터 보충 받아야만 비로소 윗사람으로서 맡은 일을 완수할 수 있다.

진짜 이윤은 고객의 행복

돈을 벌기 위해 비싸게만 팔려고 하다가는 고객들로부터 외면 받기 쉽다. 제품을 만들거나 상품을 팔아 이익을 내고 싶다면 고객이 원하는 것을 보여주어야 한다. 원가를 낮추어 고객이 마음 편하게 살 수 있도록 하며, 값은 싸더라도 제품의 질은 높여야 한다. 아울러 고객의 세세한 곳을 살피는 서비스로 대하는 것 말고는 방법이 없다. 그렇게만 된다면 고객은 즐거워하고, 또 다시 당신 회사의 제품을 찾으며, 그 상점을 다시 찾아온다. 비싸게 팔아야 이윤이 남는 것이 아니라 고객을 만족시켰을 때 이익은 저절로 온다.

어른의 책임

요즘 젊은이들은 꿈이 없고, 왜 살아야 하는지 모르겠다고 말한다. 그것은 그들이 모자라서가 아니다. 어른들이 그들에게 삶의 보람을 알려주지 못했고 보여주지 못한 탓이다. 더구나 그들에게 사명감을 깨우쳐주지도 않았다. 같은 일을 하더라도 그 일에 의의나 가치를 자각하게 해주거나 가르쳐주지 않기 때문에 방향을 잃거나 불평하고, 결국에는 사회를 원망하는 것이다.

지금, 이 나라의 근본적인 문제가 여기에 있다.

예의범절은 윤활유다

예의범절은 딱딱하거나 형식적인 것이 아니다. 예의범절은 사회생활을 위한 윤활유와도 같다. 직장은 성격이나 연령, 사고방식과 같은 요소가 제각각인 사람들이 모여 일하는 곳이다. 그런 관계 속에서 부드럽게 돌아가도록 만들어주는 것이 바로 예의범절 아닐까.

그렇기 때문에 예의범절 속에 당연히 마음을 담아야만 하겠지만, 마음속으로만 생각하는 것으로는 윤활유 역할을 맡기에 부족하다. 무엇보다 어떤 형태로든 보여주고, 상대방에게 쉽게 전달되도록, 마음과 형태라는 양면이 잘 맞물려 있는 적절한 예의범절이어야만 그 가치가 빛을 발할 수 있다.

저마다 생김새가 다르듯

저마다 얼굴 생김새가 다르듯이 누구나 저마다의 소질과 재능을 가지고 있다. 다만 그것을 밖으로 꺼내기가 힘들 뿐이다. 그러나 그런 자신의 소질이나 재능을 스스로 확실히 파악하고, 그것을 일상적인 활동에서 혹은 살아가는 데 활용할 수 있다면 얼마나 행복하고, 인생의 참다운 묘미를 맛볼 수 있을까.

저마다 소질과 재능이 다르며, 따라서 저마다 자신의 소질과 재능을 날마다 새롭게 키워야 한다. 여기에는 고통도 따르겠지만, 그 무엇과도 바꿀 수 없는 기쁨이 있다.

여론을 뛰어넘어라

일반적으로 리더는 여론이나 다수의 의견을 소중하게 여기지 않으면 안 된다. 여론에 귀를 기울이지 않고 자기 혼자만의 판단으로 일을 진행했다가는 쉽게 독단에 빠져 과오를 범하고 만다. 하지만 이것은 어디까지나 평상시의 경우에 해당된다. 비상시에는 그런 방법으로 처리할 수 없는 일도 생긴다. 그럴 때는 리더가 여론을 뛰어넘어 한 차원 더 높은 지혜를 발휘해야만 한다.

평소에는 여론을 소중하게 여기고 여론을 존중하면서도, 비상시에는 그에 반하더라도 보다 더 바른 일을 해야 한다. 이것이 안 되는 리더는 리더의 자격이 없다.

자본의 폭력

사업을 하는 한 이윤을 확보하기 위해 노력하는 것은 당연하다. 그러나 그것은 어디까지나 정당한 경쟁이 이루어질 때의 이야기일 뿐, 수단과 방법을 가리지 않는 과당경쟁에는 해당되지 않는다. 자사 제품의 시장점유율을 높이는 것만 생각해, 손해 볼 각오로 판매하는 모습을 종종 본다. 이것은 자본에 의한 폭력이다. 특히 그 자본에 의지하고 폭력적인 행위에 나서면 그 업계는 큰 혼란에 빠진다. 업계의 신용도 떨어질 것이다.

오늘날, 어떤 형식이든 폭력이 금지되어 있는 것처럼, 자본에 의한 횡포도 죄악으로 보고, 스스로 엄격하게 경계해야 마땅하다.

불평해주셔서 감사합니다

새 제품을 보며 "꽤 고심했겠어요. 정말 잘 만들었네요"라면서 기꺼이 지갑을 여는 고객이 있는가 하면, 반대로 "이 물건, 왜 이렇게 형편없는 거야? 가격도 비싸고, 마무리도 제대로 안 됐잖아. 다른 회사 제품이 낫겠어"라면서 돌아가는 고객도 있다.

이럴 때 어느 쪽 고객이 더 고마울까? 칭찬하면서 사주는 쪽이 가장 좋지만, 그런 고객들뿐이라면 오히려 회사의 발전에 방해가 될 수 있다. 세상을 쉽게 보고, 더 새로운 제품을 만들 의욕을 멈출 수 있기 때문이다. 그래서 쓴 소리를 하는 고객일수록 고마운 손님이라고 여겨야 한다.

할 일은 너무나 많다

최근, 불경기로 일거리가 없다고들 한다. 정말 그럴까? 나는 단호하게 아니라고 말하겠다. 국내의 건물들은 대부분 리모델링하거나 재건축해야 한다. 다리와 도로도 마찬가지다. 이를 생각해보더라도 일거리는 오히려 무한대로, 곤란할 정도로 많다. 그러나 이런 시각으로 보지 않고, 스스로 일이 없다고 여기고 불경기 탓으로만 돌리는 것이 지금 이 나라의 실정이다.

생각을 바꾸고, 발상의 전환을 꾀하지 않으면 안 된다. 그때 비로소 할 일이 무한하다는 것을 깨달으리라.

사랑하는 마음

개인과 개인끼리의 다툼, 나라와 나라 사이의 갈등은 서로에게 상처를 입히고, 사회 전체와 세상의 혼란을 가져온다. 이 같은 싸움의 가장 큰 원인은 서로를 사랑하지 않는 마음이라 할 수 있다. 내가 나를 사랑하는 것처럼 남을 사랑하고, 내 나라를 사랑하는 것처럼 다른 나라를 사랑하는 마음이 결여되었기 때문이다.

사랑하는 마음의 중요성은 예로부터 많은 가르침을 통해 전해 내려오고 있지만 지금도 다툼이 끊이지 않는 것은 사람들이 그 마음의 중요성을 제대로 이해하지 못하고, 그 정신에 투철하지 않기 때문이다.

사람을 써야 한다면

회사 안에는 다양하고 많은 직종이 있다. 하지만 그중 어느 하나를 택하더라도 나 혼자만을 위한 일이란 없다. 모두 회사가 사업으로 사회에 공헌하기 위해 절실한 것들이다. 이 일을 실현하기 위해 사람을 고용하고, 활용하는 것이다. 겉으로 볼 때는 쓰는 쪽과 쓰이는 쪽이 있을지 모르겠지만, 그것은 어디까지나 개인을 위하는 것이 아니라 모두를 위해 사람을 쓰는 것이다.

그렇기 때문에 단순히 사적인 감정이나 이해로 사람을 쓰거나 대접하는 것은 결코 용서받을 수 없는 행위다. 기업은 언제나 사회 전체를 위한 도구로 존재해야 하므로 항상 무엇이 옳은지 생각하면서 사람을 쓰도록 유념해야 한다.

암은 서둘러 찾아내라

암은 조기에 발견하면 완치가 가능하지만, 너무 늦게 발견해 손을 쓸 수 없는 경우가 적지 않다. 이는 회사의 경영에도 통용된다. '회사 상황이 이상하다'는 생각이 들 때는 이미 말기 상태로 손을 쓸 수 없는 상황일 때가 많다.

그렇기 때문에 아무리 순조롭게 발전하고 있는 회사라도 자기진단을 게을리 해서는 안 된다. 결함이 있다는 것을 빨리 알아차리기만 해도 문제는 더 이상 커지지 않고 적절한 조치도 가능하다.

달인의 마음가짐으로

활쏘기의 달인은 한쪽 눈을 가리고도 표적을 정확히 맞춘다. 그러나 이런 경지까지 하루아침에 도달하는 것은 아니다. 화살 한 발을 쏠 때마다 검토하고 연구를 거듭하여 한 걸음 한 걸음씩 반복과 보완을 거듭한 결과다.

일하는 것도 이와 같다. 날마다 자신이 한 일의 성과를 검토하고, 이를 게을리 하지 않는다면 달인까지는 아니더라도 분명 일을 잘 한다는 말을 들을 수 있다. 화살을 백 발 쏘면 팔십 발은 적중시킬 수 있는 능숙함의 경지까지 일할 수 있기를 바란다.

올바르게 일하고 있다면

회사의 규모가 커질수록 일도 점점 복잡해지고 생각하지 못한 여러 가지 문제도 일어난다. 나는 이 문제를 어떻게 생각하고, 어떻게 해결할지를 매일매일 고민하면서, 그 모든 일을 해결하는 최선은 '내가 하는 일이 합당하다면 세상은 반드시 이를 받아들일 것이다'라고 확신하는 것임을 깨달았다.

올바르게 일하고 있다면 절대로 고민은 생기지 않는다. 고민이 생긴다면 하는 방식을 바꾸어라. 이 세상이 보는 방식은 옳다. 그러므로 이 옳은 세상과 함께 열심히 일하라.

복어에 독은 있지만

요즘 사람들은 모처럼 좋은 물건이 발명되더라도 그것에 어떤 결함이 하나라도 있으면 그것만으로도 그 물건은 쓸모가 없다고 여긴다. 복어에 독이 있다고 복어를 입에 대지 않으려는 것과 같다.

과학기술이 발달한 지금, 복어의 안전한 조리법을 찾아낸 선조들에게 비웃음을 당하지 않도록, 매사를 긍정적으로 생각하고, 과학기술의 성과를 충분히 활용할 수 있을 만큼의 지혜를 보다 더 쌓기를 바란다.

낮은 소리까지 듣는 리더

리더라면 회의를 진행할 때 말단직원에게서도 좋은 의견이 나온다고 생각해야 한다. 이를 위해서는 의견이 나올 수 있는 분위기를 만들어야만 한다. 말석에 앉는 사람이라도 스스럼없이 발언할 수 있는 분위기를 만드는 것, 그것이 리더의 역할이다.

말석에 앉은 사람으로부터 의견이 나오면 무시하지 말고, 기꺼이 그의 의견을 듣는 겸허함과 아량 역시 잊지 마라. 그것이 없으면 그 조직이나 회사는 제대로 돌아갈 수 없다.

이해관계를 넘어서

예전에 나를 찾아와서는 "우리 회사의 제품을 대신 팔아줄 수 있겠습니까?"라고 제안한 사람이 있었다. 나는 그의 이야기를 들으면서 그가 참 대단하다고 느꼈다. 보통은 가능한 한 자신에게 유리한 조건으로 교섭하고, 이것이 당연한 것이기도 하다. 그런데 그는 모든 것을 맡기겠다며 자신의 이익과 손해를 초월한 태도를 취했다. 나는 그의 태도에 감격해, 흔쾌히 승낙했다.

우리는 자신의 이해를 중심으로 생각한다. 그것은 당연한 모습일지 모른다. 하지만 그렇기 때문에 그것을 초월한 사람을 만나면 마음이 흔들린다.

멈춤 버튼을 눌러라

새로운 일을 진행할 때는 더 많이 주의해야 한다. 일을 진행하기에 앞서, 상사의 승인을 얻었다 하더라도, 실행에 앞서서는 세 번쯤 멈춤 버튼을 눌렀으면 좋겠다. 한 번이라도 좋으니, "이것으로 괜찮겠습니까?"해서 "괜찮을 것 같네"라는 승인을 받았다고 해도 그것으로 만족해서는 안 된다. 또한 나중에 일이 잘 되지 않았을 때 "그때 허락하셨기 때문에 그렇게 했습니다"와 같은 말은 결국 그렇게 말하는 사람의 잘못임을 알아야 한다.

한번 승인 도장을 찍었다고 해서 그것으로 나 몰라라 하는 것은 실패를 자초하는 격이다.

자신을 되돌아보고, 경계하라

성공하는 경영자와 실패하는 경영자의 큰 차이점은 사심에 얽매이지 않고, 얼마만큼 공적인 마음으로 일을 대하느냐에 있다. 사적인 욕망으로 경영하는 사람은 반드시 실패한다. 사적인 욕망과 싸워 이긴 경영자만이 왕성한 기세로 사업을 키우고 발전도 도모할 수 있다.

사적인 욕심에 사로잡히지 않고, 사회가 바라는 것을 우선시하는 것은 바꿔 말하면 솔직한 마음이 된다는 의미다. 사심에 얽매이지 않고, 솔직한 마음으로 매사를 관찰할 수 있도록 항상 자신을 되돌아보고, 경계하라.

인간의 행복을 위한 정치

우리가 절대 잊어서는 안 될 것은, 정치는 결국 우리들의 더 큰 행복을 위해 있는 것이라는 사실이다. 과거에는 정치로 인해 많은 사람들이 고통 받았으며, 피로 피를 씻는 잔혹한 사건들도 있었다. 이런 좋지 못한 일들은 정치 본래의 모습이 아니다. 정치는 사람들 저마다의 활동이 순조롭게 이루어지도록 돕는다. 그런 활동의 조절과 조화를 도모하고, 공동생활의 향상을 꾀하며, 개개인의 행복을 충족시키는 것이 정치의 사명이었다.

'정치는 본디 인간의 행복을 위해 있는 것'임을 바르게 인식해야 한다.

그를 내보내야 한다면

부서 책임자가 그 부서나 그 팀의 적임자가 아닐 경우 어떻게 할 것인가는 매우 중요한 문제다. 여건상 사람을 교체한다는 것 자체가 어려운 일이다. 그러나 해야만 하는 일이다. 하기 힘든 일을 해내지 않으면 어떤 일도 이루어질 수 없다. 그 때문에 단호하게 실행하는 용기가 절실하다.

회사는 개인의 것이 아닌 공공의 것이며, 개인적으로는 힘들더라도 사회의 발전을 위해서는 바꿔야 한다. 그와 같은 의지가 얼마나 강하느냐에 따라 실행과 포기의 차이가 분명해진다.

자신의 능력을 알고 일하라

자신의 능력을 알고 일하라. 끊임없이 자신의 능력을 살펴보고, 적성에 맞는 업무를 해나갈 때 일의 보람을 느끼고 큰 행복을 느낄 수 있으며, 나아가 회사와 세상에도 공헌할 수 있다.

목소리 서비스

어느 시대를 막론하고 서비스는 중요하며, 그중에서도 특히 중요한 것은 고장이나 불만사항이 없을 때의 서비스다. 고객을 방문하거나 전화로 "쓰시고 있는 제품의 상태는 어떤가요?" 혹은 "사신 제품은 잘 쓰고 계신가요?"라며 말을 걸어보자. 이른바 '목소리 서비스'다. 이것은 곧바로 결과가 나오는 것은 아니지만, 고객 입장에서는 믿음직하다. 이를 참된 기쁨으로 생각하고, 소중함을 자각할 수 있어야 장사로 성공할 수 있다.

스스로를 설득하라

설득은 남에게만 하는 것은 아니다. 자기 자신을 설득해야
할 순간도 있다. 스스로를 격려하고, 용기를 불러일으켜야
할 때도 있고, 자신을 억제하며 참고 견뎌야 할 때도 있다.
나는 지금껏 내 자신을 수없이 설득해왔는데, 그중에서 지
금도 중요하게 여기는 것이 있다. 그것은 바로 '나는 운이
강한 사람'이라고 스스로에게 들려주는 것이다. 실제로 운
이 강할지 약할지는 모른다. 그러나 나 자신을 설득시켜 강
하다고 믿게 한다.

8
성장은 저절로 오지 않는다

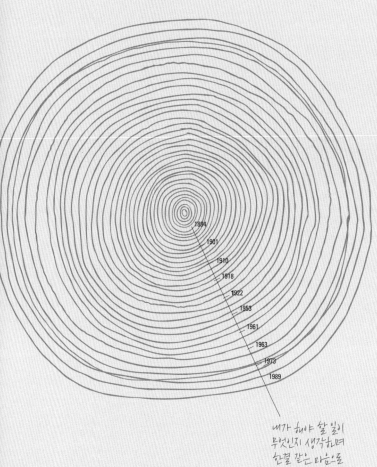

1894
1901
1910
1818
1922
1953
1961
1963
1973
1989

내가 해야 할 일이
무엇인지 생각하며
한결 같은 마음으로
마땅히 해야 할 일을
하는 것이 중요하다

먼저 모범을 보여라

리더는 자신이 믿고 있는 것과 생각하는 것을 다양한 형태로 끊임없이 사람들에게 호소하지 않으면 안 된다. 그와 동시에 그것을 몸소 실천하고 모범을 보이도록 힘써야 한다. 아무리 좋은 것을 설명하더라도 행동이 그와 반대여서는 충분한 설득력을 갖지 못한다.

물론 힘에 부쳐 백 퍼센트 실행하기 힘들 때도 있을 것이다. 사람이기 때문에 그것은 일상적으로 벌어지는 일일지도 모른다. 하지만 몸소 모범을 보이고자 하는 기개가 없는 리더라면 사람들은 결코 진심으로 따르지 않을 것이다.

인간은 태초부터 인간이다

인간은 긴 역사를 거치며 다양한 지식을 쌓고 도구를 만들어내면서 삶의 질을 향상시켰다. 그러나 인간의 본질은 처음부터 바뀌지 않았다. 인간은 태초부터 인간이었으며, 그 자체로 진화했다. 원숭이는 처음부터 원숭이였고, 호랑이는 처음부터 호랑이, 그리고 인간은 처음부터 인간이었다.

인간은 태초부터 인간으로서의 소질과 성질을 부여받아, 스스로의 노력으로 지식을 넓히고, 도구를 만들고, 생활수준을 높여왔다. 이것이 인간의 역사다.

그가 그랬듯이

일본 법화종의 시조인 니치렌 쇼닌은 그를 반기지 않는 곳
에서도 신앙을 전파했다. 무슨 소리를 하냐며 돌을 던지는
이들에게 기꺼이 몸을 맡겼고, 참을 수 없는 모욕을 당해도
그는 자신의 신념을 놓지 않았다. 그는 우리와 같은 인간이
면서도 우리가 결코 범접할 수 없는 인물이었다. 지금 우리
에게 절실한 것은 범접할 수 없는 카리스마가 아니라 그와
같은 강인한 정신력이다.

나 역시 그렇다. 아무리 나이를 먹더라도 내 일에 사명감을
갖고 그 일에 정열과 땀을 쏟는다. 그렇게 하루하루와 만난
다. 그것이 내게 주어진 신념이자 사명이다.

누구나 그처럼 될 수는 없겠지만

위인은 결코 하루아침에 이루어지지 않는다. 그들은 누구보다 먼저 일어나 하루를 열고, 스스로를 다스릴 줄 알았다. 그리고 그들이 위인이 된 것은 시련을 기꺼이 받아들이고, 시련을 이겨내겠다는 의지가 강했기 때문이다. 그들이 그만한 업적을 이룬 것은 그런 과정이 있었기에 가능했다.

물론 모두가 그들처럼 위인이 될 필요는 없다. 누구나 그처럼 되는 것도 아니다. 하지만 적어도 그처럼 자신을 다스리고, 시련에 물러나지 않는다면 누구나 뜻을 이룰 수 있다. 우리가 그들을 되짚는 것은 이런 이유에서다.

결코 기대지 마라

남에게 의존해서는 안 된다. 남이 나를 도와줄 수는 있지만 그들에게 부탁하기보다는 스스로의 힘으로, 자신이 할 수 있는 범위의 일을 스스로 착실히 해나가야 한다. 그런 마음가짐과 태도를 버리지 말아야 한다. 남에게서 구제받으려 애쓰기보다는 스스로 그들을 돕고, 세상에 기여하는 것이 우선이다.

나를 칭찬하는 하루

나는 지금, 이십 대의 어느 여름날을 추억하고 있다. 해가 떠 있는 시간에는 열심히 일했고, 밤이 되면 대야에 찬물을 받아 시원하게 목물을 했다. 땀흘려 일한 후 하는 목물이 너무나 개운해서 '내가 생각해도 오늘 정말 열심히 일했어'라며 만족해하던 시절이었다. '내가 생각해도 오늘은 참 잘했어'라며 스스로를 칭찬하고, 자신을 어루만지는 마음. 그것을 통해 나는 삶의 보람을 느꼈다.

내가 그랬듯이 여러분도 매일매일 일을 하면서, 스스로 자신을 칭찬하는 날이 하루라도 더 많았으면 좋겠다. 그리고 그런 날들이 계속 이어졌으면 좋겠다.

이익일까, 기반일까

얼마 전, 계열사를 방문했을 때의 일이다. 부장급 이상의 직원들을 불러 모아놓은 자리에서 "이익을 올리는 게 먼저 입니까, 아니면 기반을 다지는 게 먼저입니까?"라는 질문을 받았다. 나는 이렇게 답했다.

"우리 회사는 다섯 명이었을 때는 다섯 명이, 열 명이 되었을 때는 열 명이, 그리고 천 명일 때는 천 명 모두가 그때의 규모에 걸맞은 이익을 올려 왔습니다. 그런 일들이 이어져 지금의 성공을 이룬 거죠. 만약 아직 다섯 명이니까, 혹은 열 명밖에 없으니까 아직은 괜찮겠지 생각했다면 지금의 우리는 없었을 것입니다. 그러므로 이익을 올리면서 기반도 다져나가는 수밖에 다른 방도가 없습니다."

누구도 혼자 설 수는 없다

당신이 지금 그 회사에, 그 자리에 있는 것은 당신이 그만큼 노력했기 때문이다. 그렇다고 해서 당신 혼자만의 힘으로 그렇게 되었다고 자만해서는 안 된다. 회사도 마찬가지로, 사회의 후원을 받았기 때문에 지금처럼 될 수 있었다.

개인이나 회사 혹은 나라라도 어떤 일이 이루어질 수 있었던 배경에는 다른 사람과 사회, 다른 나라의 도움이 있었다. 이를 잊지 말아야 한다. 그리고 도움을 준 상대에게는 진솔하게 기쁨과 감사를 표현하고, 자기 스스로도 그에 어울리게 행동해야 한다.

명령으로 시키지 마라

어떤 일을 맡길 때, 명령만으로 일이 진행된다고 생각해서는 안 된다. 지시와 명령만으로는 단지 그에 따를 뿐, 지혜와 활기를 기대하기는 어렵다.

그렇기 때문에 "자네 의견은 어떤가? 나는 이렇게 생각하네만"과 같은, 가능한 한 상담하는 말투로 부하직원에게 말을 건네는 것이 중요하다. 그렇게 하면 부하직원 입장에서는 본인의 제안도 그 일에 포함되어 있기 때문에 자기 일처럼 최선을 다해 매진할 것이다.

욕망, 정말 잘못일까

욕망에 눈이 멀어 사람을 해하거나 돈을 훔치는 사건이 자주 발생한다. 그래서 흔히 욕망은 모든 죄악의 근원이라고도 말하는가 보다. 하지만 인간의 욕망은 결코 악의 근원이 아닌, 생명력의 표현이다. 이는 배를 움직이는 동력과도 같다. 악으로 치부하고 그것을 근절하겠다고 나서면 인간의 생명력은 끊어져버리고 만다.

욕망 그 자체는 선도 악도 아닌, 생명 그 자체이자 본능이다. 문제는 이 욕망을 얼마나 좋은 곳에 쓰느냐다.

그만큼 절실한가

"장사는 어려우며, 혹독한 승부의 장이다. 장사에 대한 생각으로 머릿속이 가득차고, 여러 날 동안 잠을 자지 못하기도 한다. 하지만 장사하는 사람이라면 그런 고생을 짊어지지 않으면 안 된다. 마음고생이 심해지면 소변에 피가 섞여 나온다. 그 정도가 될 때까지 고생해봐야 비로소 나아갈 길이 보인다. 그러므로 한 사람 몫을 해내는 상인이 되려면 소변이 붉어지는 경험을 해봐야 한다."

이는 내가 어릴 적, 심부름하던 가게의 사장이 내게 한 말이다. 지금 생각해도 이 말은 진리다. 그리고 상인에게만 해당되는 말도 아니다. 무슨 일을 하더라도 그만큼의 고통을 겪어보지 않고 성공하려는 것은 뻔뻔한 짓이다.

미소를 덤으로

점점 더 치열해지는 경쟁 속에서 살아남기 위해 기업이나 상점들마다 개성 있고 다양한 아이디어로 상품을 판매하고 있다. 조금이라도 더 고객의 관심을 얻기 위해 지혜를 짜내고 있다. 경품을 비롯한 사은품도 그런 일환이다.

그런데 사은품 중에서도 무엇이 가장 중요하냐고 묻는다면 나는 '친절한 미소'라고 답할 것이다. 친절한 미소를 서비스하겠다는 마음가짐으로 일할 때 고객도 진심으로 기뻐해주지 않겠는가.

회사에 투자하는 자세

도요토미 히데요시는 그의 주인이던 오다 노부나가의 말을 돌보는 일을 맡았을 때, 주인이 타고 다니는 말을 더 좋은 말로 만들기 위해 얼마 안 되는 자신의 급료를 쪼개어 말에게 당근을 사 먹였다고 한다. 그의 그런 행동은 '성의 있는 투자'였다.

여기서 묻고 싶다. 당신은 투자하고 있는가? 그처럼 받은 급여를 회사에 헌금으로 바칠 필요는 없다. 그러나 자신의 지혜를 투자하거나 시간을 투자하든, 어떤 형태라도 투자하는 것이 자신의 성장을 위해 절실하다. 그 정도는 생각할 줄 알아야 제 몫을 하는 사원이라고 말할 수 있다.

경영은 효율이다

세상에는 직접 공장의 구석구석을 둘러보면서 진두지휘해야 직성이 풀리는 경영자도 많다. 하지만 공장까지 나가려면 시간이 걸리고, 모처럼 들렀는데 잠깐 서서 이야기를 끝내는 것도 어렵다. 결국 자신과 공장 책임자의 시간을 필요 이상으로 낭비하는 일이 되어버린다. 이때 전화를 활용하면 대략 십 분만으로 상황을 파악할 수 있기 때문에 왕복에 드는 시간도, 책임자의 시간도 낭비할 일이 없다.

물론 자신의 눈으로 직접 관찰함으로써 보다 큰 성과를 얻는 경우도 있다. 그러나 전화 통화만으로도 충분히 업무를 볼 수 있는 것들 또한 의외로 많지 않을까.

평화는 저절로 오지 않는다

최근, 평화를 공기나 물처럼 당연한 것이라고 여기는 이들이 많다. 평화는 그냥 주어지는 것이라고 믿어, 평화의 소중함과 고마움을 모른 채 산다. 이래서는 위험하다. 평화는 자연현상이 아니라 인간의 자각과 노력이 있기에 실현되고 유지되는 것이다.

바로 지금, 우리 모두가 평화의 가치를 되돌아봐야 한다. 평화의 가치를 깨닫고, 국민으로서 무엇을 해야 하는지 생각해야 한다. 그렇지 않으면 모처럼 지속시켜 온 귀중한 평화가 머지않아 사라질지 모른다.

우리가 잊고 있는 도덕

사회 전체의 도덕의식이 높아지면 모두의 정신생활이 풍요로워지고, 적어도 남들에게 폐를 끼치지 않는다. 더 나아가 서로의 입장을 존중할 수 있으면 인간관계도 좋아지고 일상생활이 매우 부드러워진다. 자신의 일에 성심성의를 다하는 자세를 키우면 업무 능률이 오르고, 자연스럽게 보다 많은 성과를 누릴 수 있다.

도덕에 따라 활동하는 것은 자신은 물론 사회인의 중요한 의무다.

거리의 품위를 높여라

당신의 점포는 당신이 장사하기 위해 있는 것이지만 동시에 거리의 일부이기도 하다. 점포의 모습이, 그 점포가 있는 거리의 아름다움과 추함에 큰 영향을 끼친다.

거리가 호감 가는 점포들로만 채워지면 그 거리는 활기가 넘치는 아름다운 거리가 될 것이다. 거리의 품격과 품위를 높이고, 그 거리를 찾는 이들이 절로 행복해지도록 하는 것, 그것은 그 거리에 있는 당신의 점포가 잘되는 길이기도 하다.

인재를 스카우트할 때는

인재를 뽑거나 스카우트할 때는 과감해져라. 기존 사람들에 매달리지 말고, 늘 신선한 인재를 끌어들여 활기를 넣어라. 결코 기존의 안정에 매달리지 마라. 열심히 하는 인재를 지킬 줄 아는 것도 중요하지만, 새로운 인재를 적재적소에 투입하는 것 역시 경영자의 능력이다.

자유, 질서, 번영

자유는 누구나 바란다. 구속이 많은 곳일수록 명령에 매달리고 수동적이다. 스스로 하고, 스스로 계획하고, 스스로 행동하는 조직은 늘 긍정적이고 능동적이다. 그러나 자유에는 반드시 질서가 있어야 한다. 질서가 없는 자유는 교만에 불과할 뿐이다.

민주주의는 자유와 질서가 바탕이 되어야 한다. 두 가지가 함께할 때 진보와 발전도 함께 이룰 수 있다. 언뜻 보면 자유와 질서는 상반되어 보이지만 개개인의 민주성을 놓고 볼 때는 같은 맥락이다. 민주적인 태도만이 자유를 교만으로부터 지켜내고 무질서를 질서로 바꿀 수 있는 근본적인 힘이 된다.

우리 회사는 통하는가

한 사람 한 사람의 노력이 부하직원들은 물론 상사에게까지도 알려진다는 것은 기쁜 일이다. 성과를 모두가 함께 맛보고 함께 기뻐할 수 있다는 것은 그 회사가 얼마나 발전할지 가늠하는 잣대이기도 하다.

북부 지점에 있는 사람의 노고가 남부 지점에 있는 사람에게 전해지고, 다시 남쪽에서의 노고가 북쪽으로 전해지는, 척하면 척하고 알아들을 수 있도록 모두가 하나로 연결된다면 바라는 만큼의 성과를 누릴 수 있다.

본능 그 이상의 직감

직감은 비과학적이라고 생각할지 모른다. 하지만 직감은 중요하며, 특히 리더는 철저한 준비를 거친 후 직관적으로 상황을 판단하고 결정해야 한다. 그렇다면 어떻게 해야 뛰어난 직감을 지닐 수 있을까? 그 해답은 결국 경험을 쌓고, 늘 수련하는 과정 속에 있다.

바둑이든 무술이든 유단자일수록 상대의 움직임을 직감으로 알아차리고 대응할 줄 안다. 그것은 그만큼 피나는 노력으로 수행을 계속한 결과였다.

지도자의 역할

한 나라의 지도자로 선출된 사람이 가장 먼저 해야 할 일은 국민을 꾸짖는 것이다. 지금은 국민을 꾸짖는 사람이 아무도 없다. 국민의 환심을 사기 위한 일만 하지, 국민을 꾸짖는 일은 없다. 그 때문에 국민들이 응석받이가 되며, 나라에만 의지하려고 한다. 그것이 경제와 정치가 정체에 빠지는 가장 큰 원인이다. 지도자라면 케네디 대통령처럼 말할 줄 알아야 한다.

"나는 국민 여러분이 뽑아주었지만 그렇다고 제게 의지하려 해서는 안 됩니다. 국가에 뭔가를 요구하기보다는 국가를 위해 자신이 해야 할 일이 무엇인가를 생각해야 합니다."

반품을 두려워하지 마라

물건을 파는 사람도 만드는 사람도 제품의 개선을 간절히 요구해야 한다. 제품에 대해서, 그 제품을 구입하는 고객의 입장에서 서서, 고객의 대리인이 된 마음으로 제품의 성능과 품질을 체크하고 점검해야 한다. 공장에서는 물론 그 제품을 판매하는 쪽도 마찬가지다. 엄격하게 조사하고, 조금이라도 부족한 부분이 발견되면 공장으로 반품시켜 재검토를 요청해야 한다.

이런 식으로 모든 제품을 만족스럽게 만들어야 한다는 요청이 강하면 강할수록 공장에서도 좋은 제품을 만들기 위해 더 애쓸 것이며, 나아가 누구나 만족하는 제품을 세상에 내놓을 수 있다.

아집

저마다 자기 생각과 주장을 갖는 것은 민주주의 사회에서는 대단히 중요한 일이다. 하지만 그와 동시에 상대방의 주장도 자세히 듣고, 옳은 것은 옳다고 하고 그른 것은 그르다고 하면서, 서로가 대화를 통해 다른 사람들과 조화를 이루어 일을 진행시키는 것 역시 민주주의를 유지시키기 위해 없어서는 안 될 요소다. 조화정신이 사라지고, 각자가 저마다의 주장만을 고집한다면 거기에는 개인적인 아집만이 남아 갈등이 심해지고 평화는 깨질 것이다.

해야 할 일을 한다

'치세에 있을지라도 난세를 잊지 않는다'는 말이 있다. 이는 태평한 시절에도 비상시를 대비해 준비를 게을리 해서는 안 된다는 뜻으로, 리더가 지녀야 할 중요한 마음가짐이기도 하다. 그러나 인간은, 본질적으로 주변의 정세에 휩쓸리기 쉬운 존재다. 태평할 때는 태평함에 취하고, 난세일 때는 난세에 빠져 스스로를 쉽게 잊는다. 휩쓸리는 일 없이 언제나 신념을 갖고 주체적으로 살아가기 위해서는 담담히 자신이 해야 할 일이 무엇인지를 생각하며, 한결 같은 마음으로 스스로가 마땅히 해야 할 일을 하는 것이 중요하다.

리더가 가져야 할 핵심 요소는 해야 할 일을 하는 것이다.

선두에 나설 용기

큰일을 치를 때, 당신이 선두에 서는 것은 두려운 일이기도 하고, 많은 용기가 필요하다. 젊은이들 중에는 선두에 서는 것은 긴장감 있고 재미있지 않느냐 하겠지만, 선두에 선다는 것은 함부로 할 수 있는 일이 아니다. 그러나 누구나 선두에 나서야 할 때가 있다. 그것은 부담스럽지만, 그 자리에 설수록 당신의 능력은 돋보인다.

선두에 설 수 있는 사람이야말로 큰일에 허둥대지 않으며, 결단을 내릴 수 있는 사람이다. 그런 사람일수록 진정한 인재다. 당신도 그처럼 될 수 있다. 선두에 나설 용기가 있고, 실천할 의지가 충분하다면.

부족하기에 더 열심히

우리는 저마다 결점이 있기 때문에 완벽하게 만족하지 못한다. 그러므로 자신의 부족한 점은 다른 사람을 통해 보완해야 하는데, 이를 위해서는 스스로가 자신의 직책을 확실하게 자각하고, 그 직책에 맞게 몰두하는 자세가 중요하다. 일에 열과 성을 다하면 저절로 직책에 대한 자각이 높아지고, 직책을 자각함에 따라 더 열심히 일하게 마련이다. 이와 같은 자각과 열의는 많은 사람들의 감동을 이끌어내고, 협력을 구하기가 쉬워진다.

자신의 직책을 자각하고, 열정과 열의를 쏟는다는 마음가짐만은 결코 소홀히 해서는 안 된다.

어려운 때일수록 힘을 모아야

불황의 바람이 불고, 불경기의 파도가 밀려오는 상황에 놓이면 어느 누구도, 어느 기업도 그 영향에서 벗어나지 못한다. 그럴 때일수록 냉정한 판단력과 협력정신이 절실하다. 침착하게 예정된 항로로 가려는 선장의 의지와, 냉철한 협력정신을 잃지 않으려는 선원들이 있다면 그 배는 아무리 거센 폭풍우 속에서도 예정된 항로대로 전진할 수 있다. 반면에 허둥지둥하며 제멋대로 판단하고 행동한다면 그것이 아무리 선의에서 우러난 것이라도 전진을 바랄 수 없다.

불황과 혼돈스러운 세상일수록 서로 의좋게 지내면서 힘을 모으는 마음가짐이 더더욱 절실하다.

회사의 현실을 파악하라

나는 지금까지도 은행에서 대출을 거부당한 적이 없다. 이것은 결코 과장이나 자만이 아니다. 계획을 세우고 "이 정도의 자금이 필요합니다. 대출 부탁드립니다"라고 신청서를 내밀었을 때 "이번에는 해드릴 수 없습니다"라는 말을 들은 적이 없다. 이런 일이 가능한 것은 내 회사의 역량 등을 정확하게 파악하고 그 범위 안에서 대출을 신청했기 때문이다. 그래서 은행에서도 이 회사라면 괜찮다고 믿고 승인해준 것이다.

왜 이 말을 하는지 아는가? 경영자나 직원들 모두 자신이 속한 회사의 현실과 능력을 제대로 알고, 그에 맞게 일해야 한다는 의미다.

습관의 힘

서로 사이좋게 지내고, 일을 원만하게 하려면 사람을 응대하는 것 하나에도 주의를 기울여야 한다. 단순히 예의 바르게 한다거나 말투에만 신경 쓸 것이 아니라, 마음을 담아 응대해야한다. 물론 이는 말처럼 쉬운 일은 아니다. 평소에 훈련하지 않으면 머리로는 알아도 막상 닥치면 쉽게 행동으로 옮기기 힘들다.

따라서 어떤 경우라도 자연스럽게 행동으로 이어지도록 가르쳐야 한다. 그렇지 않으면 결코 습관이 될 수 없다.

조급해하지 마라

아무리 열심히 일해도 아무도 알아주지 않는다면 그처럼 슬픈 일도 없다. 나를 인정해주지 않는 사람들이 불만스러울 수도 있다. 그러나 그들의 인정을 지금 당장 바라지 마라. 지금은 인정받지 못하지만 반드시 그날이 오리라고 믿으며 참고 기다려라. 남의 시선을 바라기 전에 하는 일에 매진하라.

그런 날은 반드시 온다. 서두르거나 조급해하지 마라.

9

그 일에 마음을 담고 있는가

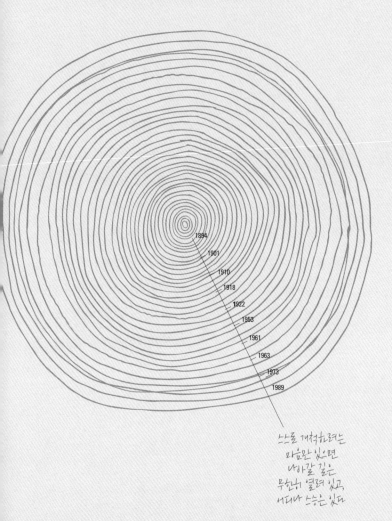

1894
1901
1910
1918
1922
1953
1961
1963
1973
1989

스스로 개척하려는
마음만 있으면
나아갈 길은
무한히 열려 있고,
어디나 스승은 있다

위기에서 새로워져라

❧

우리나라는 매년 반복되는 태풍과 집중호우로 인해 수해를 입는 곳이 적지 않다. 호우로 강이 넘치고 한 마을이 피해를 입기도 한다. 그런데 몇 년 지나고 보면 피해를 입은 마을이 그렇지 않은 마을에 비해 더 깨끗해지고 번영하는 경우도 종종 있다.

물론 재난이 없는 것이 가장 좋겠지만, 생각하지도 않은 순간에 생각하지도 않은 일이 일어나곤 한다. 그러므로 안이함에 빠진 채 멍하니 있지 말고, 항상 위기를 대비해야 하고, 위기에서도 발전을 잊지 말아야 한다. 고난은 힘들지만, 고난을 통해 앞날은 더욱 밝아야 한다.

경영은 요령이다

잘되는 회사도 있고, 반대로 앞이 깜깜하다는 경영자들도 있다. 잘되는 회사의 직원들은 모두 우수하고, 안 되는 회사의 직원들은 그렇지 못한가 싶지만 결코 그렇지 않다. 그것은 그 기업에 경영이 있느냐 없느냐, 다시 말해 경영자가 경영 요령을 알고 있느냐 없느냐에 따라 커다란 차이가 생긴다. 그 증거로 경영자가 바뀌고 나서 도산 직전의 회사가 굉장한 기세로 발전한 사례는 얼마든지 있다.

경영이 없는 회사는 생각하지 않는 사람이라고 할 수 있다. 경영자가 경영 요령을 파악하고 있는 회사는 꾸준히 성장하고 발전할 수 있다.

단골을 더 늘리고 싶다면

❧

단골손님이 다른 사람에게 "나는 늘 저 가게에서 사. 정말 친절하거든. 그리고 서비스도 빈틈이 없어"라고 말하면 그 말을 들은 사람도 "네가 그렇게 얘기한다면 틀림없겠지. 나도 한번 가봐야겠는데"라는 반응을 보일 것이다. 이러면 그 가게는 별다른 노력 없이 또 한 명의 단골 고객을 늘릴 수 있는 길이 열린다.

이런 점을 미루어볼 때, 평소 장사를 하면서 단골을 늘리기 위한 노력도 중요하지만, 단골을 소중히 지키는 것도 다른 것 못지않게 중요하다.

샐러리맨은 독립 경영자다

'나야 어차피 고용되어 일하는 입장인데⋯⋯.'
직장인들 중에는 이처럼 생각하며 최선을 다할 필요가 없다
거나 직장에서는 보람을 느끼지 못한다는 이들이 적지 않
다. 당신도 그렇다면 이렇게 조언하고 싶다.
한 회사의 직원이기는 하지만 이 직업을 선택한 이상 '이 회
사의 직원으로서 일하는 것을 생업으로 하는 나는 독립 경
영자다'라는 신념을 갖고 일하라. 다시 말하면, 독립 경영자
들이 열 명 또는 백 명, 천 명이 모여 하나의 회사를 만들어
사업을 하고 있다고 생각하라. 그렇게 생각하면 일에 의욕
도 생기고, 일하는 즐거움도 더해진다.

상냥한 마음

저 사람은 왠지 여유로워 보이는가? 그것은 그의 상냥한 마음이 행동으로 드러나기 때문이다. 이것은 굉장히 중요한 요소다. 고귀함 역시 상냥한 마음이 밖으로 나오는 순간 진정한 고귀함이 된다. 강하기만 해서도 안 되고 현명하기만 해서도 안 된다. 현명함과 강인함은 중요하지만, 그보다 중요한 것은 상냥한 마음이다.

자연을 지킨다는 것

일각에서는 자연은 자연 그 자체로 존재한다고 말한다. 하지만 나는 자연은 인간의 생활을 위해 존재한다고 생각한다. 그래야만 인간 역시 자연을 올바르게 활용할 수 있으며, 자연을 지킨다는 것이 곧 인간 자신을 위한 것임을 알게 된다.

덕망이 리더를 말한다

사람이 사람을 움직이게 하기는 쉬운 일이 아니다. 힘을 쓰거나 논리를 내세워 움직이게 할 수는 있겠지만, 그것만으로는 큰 성공은 거둘 수 없다.

가장 중요한 것은 역시 덕(德)을 바탕으로 마음에서 우러나도록 하는 것이다. 리더가 사람들로부터 존경을 받을 만한 덕을 지녀야만 비로소 리더가 가진 권력과 힘도 발휘된다. 그렇기 때문에 리더는 자신의 덕을 높이는 데 힘써야 한다. 힘을 행사하면서도 반대하는 사람, 적대하는 이들이 동화되도록 하려면 늘 그들의 심정을 헤아리고, 자신의 마음을 갈고 닦는 것을 게을리 해서는 안 된다.

잘되는 곳은 불황이 없다

호황일 때는 힘써 연구하지 않아도, 서비스가 부족하더라도 어디서든 적당한 주문이 들어온다. 그렇기 때문에 경영의 좋고 나쁨을 꼼꼼하게 따지지 않고 넘어간다. 하지만 불경기가 되면 구매자는 충분히 조사한 후에 살지 말지를 정한다. 이 과정에서 제품을 꼼꼼하게 평가하고, 그로써 그 회사의 경영과 경영자 역시 평가받는다.

잘되는 회사나 상점은 호황일 때보다 불황일 때 돋보인다. 호황일 때는 몰랐던 그 회사 제품이나 상점의 서비스가 불황일 때 두드러지기 때문이다. 그래서 잘되는 곳은 불황을 타지 않는다고 흔히 말하는가 보다.

스승은 어디에나 있다

가까운 곳에 나를 이끌어주는 친절한 상사나 선배가 있다면 행복한 사람이다. 하지만 다른 방식으로 보면, 그런 사람들이 없는 곳이야말로 스스로가 발전을 꾀할 수 있는 곳이라 말할 수 있다.

축음기와 백열등 등을 발명한 에디슨에게는 이끌어주는 사람이 없었다. 그 때문에 그는 스스로 모든 현상에 관심을 갖고, 거기에서 스승을 찾아냈다. 기차를 타면 석탄이 타는 소리에서도, 수레바퀴 소리에서도 배움을 얻었다. 이처럼 스스로 개척하려는 마음만 있으면 나아갈 길은 무한히 열려 있고, 어디에서나 스승을 찾을 수 있다.

허약해도 할수 있다

나는 허약 체질이기는 하지만 그것이 나를 불행하게 만들 었다고는 생각하지 않는다. 세상에는 건강하지 못해도 행복해지는 경우가 있고, 반대로 지나친 건강이 불행을 가져오는 경우도 있다. 중요한 것은 '허약해도 이 일은 할 수 있다'는 마음가짐을 갖는 것이다. 건강하지 못함은 불행한 일이고 슬픈 일이라면서 마음을 어지럽혀서는 안 된다.

어린 시절부터 병약했던 내가 그런 마음을 가질 수 있었던 것은 지금 생각해보면 무엇보다 내가 앞으로 가야 할 길에 강한 희망을 품은 덕분이었다. 건강하지 못하기 때문에 희망을 잃는다는 것은 실패 위에 실패를 얹고, 불행 위에 불행을 얹는 것과 다를 바 없지 않은가.

개인주의와 이기주의

요즘에는 개인주의와 이기주의를 혼동하는 사람들이 많다.
개인주의는 개인이 중요하다고 생각한다. 하지만 한 명의
개인이 귀중하다는 것은 동시에 다른 개인도 귀중하다는
것을 의미하기 때문에 개인주의는 타인주의와도 통한다.
이에 비해 이기주의는 자신의 이익을 무엇보다도 중시하
면서 남의 이익은 존중하지 않는다.

개인주의를 이기주의로 잘못 이해해 자신의 이익만 챙기
면서도 떳떳한 사람들이 적지 않아 걱정이 앞선다.

돈을 앞세우지 마라

나라의 운영을 재정적인 면에서 본다면 예산을 만들고, 그 예산에 기초한 여러 가지 시책을 펼치는 것이다. 장사를 하는 것도 이와 마찬가지로, 예산을 먼저 생각하고 그에 따라 일을 하는 경우가 많다.

그러나 장사를 하면서 실제의 예산대로 돌아가는 경우는 없다. 그러므로 예산이 없다는 이유로 필요한 일을 나중으로 미루면 고객은 다른 곳으로 옮겨 갈 것이다. 물론 예산에 맞춰 장사하는 것은 중요하지만, 그것은 혼자 고민할 문제로, 필요한 일이라면 돈을 빌려서라도 하겠다는 마음가짐으로 장사에 임해야 한다.

장사와 성의

🙟

성의와 진지함은 반드시 사람들의 마음을 사로잡는다.

성의를 갖고 열심히 일에 몰두하는 사람은 끊임없이 '이렇게 하면 어떨까?', '다음에는 다른 방법으로 손님에게 말을 걸어봐야지'라면서, 여러 가지 효과적인 방법을 생각해낸다. 또한 같은 것을 설명하더라도 그의 말투에는 저절로 열의가 담기고, 기백도 넘친다. 이런 모습에 고객은 감명 받아, '어차피 살 거라면 여기서 사자'라고 생각한다. 이와 같은 일상의 태도가 나중에는 커다란 차이를 만든다.

자비를 실천하는 지도자

나라를 잘 다스리는 군주일수록 나라 안에 밥 짓는 연기로 백성들이 풍요로운지 곤궁한지 알아냈다. 백성들이 곤궁하면 부역을 중지하고, 나라에 밥 짓는 연기가 가득 피어오르고 나서야 다시 조세를 걷었다. 세금이 걷히지 않는 동안에는 궁궐에 비가 새더라도 수리하지 않았다. 이처럼 백성을 아끼고 사랑하는 마음은 군주가 지녀야 할 당연한 덕목이었다. 이런 군주가 다스리는 시대일수록 청렴한 신하들도 많이 나왔다.

오늘날에도 지도자와 리더들은 무엇보다 사람들의 행복을 바라는, 자비로운 마음을 지녀야 할 것이다.

핵가족으로 바뀌었지만

점점 더 핵가족화 되는 추세는 좋고 나쁘고를 떠나 세계적인 흐름이다. 하지만 정신적인 부분까지 핵가족화 되어서는 안 된다. 대가족 속에서 사는 것처럼 웃어른에게는 가족 구성원들의 끊임없는 관심이 필요하다. 아무리 바쁘더라도 사흘에 한 번은 웃어른에게 전화를 걸어 이야기를 나누어야 한다.

세상이 진보할수록 그만큼 활동하는 공간이 늘어나기 때문에 아무래도 뿔뿔이 흩어지고, 각자 독립된 삶을 살 수밖에 없다. 그래서 마음을 이어주는 고리가 더더욱 절실해진다.

리더의 책임

회사가 발전하거나 실패하는 것은 결국 사장의 책임 아닐까. 쉽게 말해서 사장이 동쪽으로 가라고 했는데 "아니요, 저는 서쪽으로 갈 겁니다"라며 반대로 가는 직원은 없기 때문이다. 대부분은 사장이 동쪽으로 가라고 하면 동쪽으로 간다. 그러므로 동쪽으로 가라고 말했는데 그 방향이 틀린 것이라면 그것은 사장의 책임이다. 마찬가지로 어떤 부서나 조직이 발전하거나 도태하는 것은 전적으로 그 부서 책임자나 조직 운영자의 책임이다.

나는, 지금까지 어떤 경우라도 이렇게 생각하고 스스로 묻고 답하기를 멈추지 않았다.

화를 받아줄 사람

❦

화가 났을 때 그 화를 받아줄 사람이 있으면 마음이 훨씬 편하다. 마찬가지로 경영자도 푸념을 받아줄 부하직원이 필요하다. 그 상대가 부사장이나 전무 혹은 비서라도 좋다, 그런 사람만 있다면 그나마 걱정이 덜할 것이다.

아무리 잘난 사람이라도 푸념을 늘어놓을 수 있는 곳이 없다면 울적해지게 마련이다. 그렇게 되면 실수도 저지르고 만다.

풍요로움 속의 엄격함

생활이 풍요로워질수록 한편으로는 엄격한 단련도 절실하다. 올바른 가정은 생활 자체로도 단련되기 때문에 부모가 엄격하지 않아도, 위로의 한마디만으로도 아이는 충분히 성장한다. 하지만 풍요로움 속에서는 정신적으로 매우 엄격한 것을 부여해야만 한다. 사람은 풍요함에 걸맞은 엄격함이 없을 때 몸과 마음 모두 흐트러지기 때문이다.

지금, 우리에게는 엄격함이 부족하다. 정치와 교육 쪽에도 엄격함은 낡은 유물이 되었다. 청소년들이 여러 가지 불미스런 사건을 일으키는 것도 엄격함이 희미해진 까닭이다.

일을 음미하라

어떤 일이라도 정말로 그것이 내게 맞는지 판단하기란 쉽지 않으며, 일은 할수록 보다 더 깊은 맛을 느낄 수 있다. 처음에는 시시하다고 생각되던 일도 몇 년간 그 일에 열중하는 사이 점점 흥미를 느낀다. 그리고 그때까지 몰랐던 자신의 적성도 알게 된다. 이는 일을 해나가는 과정에서 생긴다. 즉, 일은 하면 할수록 맛이 우러나는 것으로, 포부를 갖고 몰입하다 보면 점점 일하는 맛, 일하는 기쁨을 알게 된다.

서서 하는 회의

회의석상에서 "내가 보기엔 가능할 것 같은데, 어떤가?"라는 식으로 말한다면 갑론을박으로 결론을 내지 못하고, 금방 끝날 일도 사흘을 훌쩍 넘길 것이다. 다소 극단적인 예를 들었지만, 회의는 대체로 그런 경향이 강하다. 이런 식으로는 변화가 빠른 지금, 어떤 결론을 내더라도 '이미 상황이 달라졌다'는 말만 들을 것이다.

따라서 회의라고 해서 꼭 회의실에만 해야 한다는 고정관념을 버리고, 서서 하더라도 바로 해결하겠다는 마음가짐을 가져야 한다.

중소기업은 나라의 기반이다

❧

중소기업은 국가경제의 기반이며 근간이다. 중소기업들이 건재해야만 대기업들도 특유의 장점을 살릴 수 있으며, 경제 전체의 번영도 꾀할 수 있다. 그와 동시에 중소기업은 경제적인 면에서뿐만 아니라 사회생활의 기반이 되어야 한다. 다양한 적성을 지닌 사람들이 저마다 색깔을 가진 꽃처럼 피어나야 하며, 그로써 경제는 다채로워진다.

많은 중소기업들이 저마다의 위치에서 활발하게 활동하는 사회를 기대한다.

평화의 전제조건

평화가 중요하다는 것은 어제오늘의 구호가 아니다. 인류가 시작된 이래 평화는 계속 외쳐 왔다. 그러면서도 여전히 전쟁은 끊이지 않고 있다. 유감스럽게도 평화를 위한 투쟁, 평화를 위한 전쟁이라는 속임수로 평화를 짓밟은 것이 인간의 본 모습이다.

그렇다면 전쟁에서 벗어나 평화를 실현하기 위해서는 어떻게 해야 하는지, 무엇이 필요한지를 묻는다면, 그것은 인간으로서의 의식혁명이라고 답하고 싶다. 진정한 평화란 무엇인지 확실히 깨닫고, 그것을 절실히 바라는 한 사람 한 사람의 의식혁명이 한 나라의 정치와 교육 분야에서부터 퍼져 나간다면 평화는 저절로 찾아올 것이다.

영원히 사라지지 않는 것

❦

일본 삼대 영지 중 하나인 고야산에는 무덤들이 많다. 그중에서도 유독 눈에 띄는 무덤들이 있는데, 그것은 호족들의 무덤이라고 한다. 그 무덤들 중에서 지금은 무연고 분묘가 된 것도 있다. 옛날에는 상당한 권속을 거느리고, 귀족으로서 오랫동안 권세를 누렸으나 이렇게 변해버린 것을 보니 세월의 덧없음을 뼈저리게 느낀다.

그 무덤들을 보면서 생각한다. 이 세상에 완전한 것은 없다. 아무리 지위가 높고 재산이 많다고 해도 그것이 언제까지나 계속되지는 않는다. 영원히 사라지지 않는 것은 마음과 사상, 그리고 이 세상에서 이루어낸 업적이다.

알고 싶을 때는 겸손하게

자신이 가진 재능에 맞는 일을 스스로 생각하고 해나가는 것이 가장 중요하지만, 자신의 재능을 스스로 발견하기란 여간한 일이 아니다. 그럴 때는 신뢰하는 사람의 말을 들어보는 것도 좋다. 이때 겸손한 마음으로 듣지 않으면 그 사람의 바른 말이 제대로 들리지 않을 것이다.

나 또한 답을 찾지 못하는 일은 겸손한 마음으로 선배를 찾아가 묻는다. 그리고 차분하게 생각하다 보면 반드시 나아갈 길이 보이고, 희망도 가질 수 있다. 하지만 야심이나 욕망을 갖는다면 그곳에는 무리가 따르고, 망설임이 불쑥 머리를 내민다.

신상필벌

신상필벌, 즉 벌을 받아야 할 죄가 있는 사람에게는 반드시 벌을 내리고, 상을 받을 만한 공이 있는 사람에게는 반드시 상을 주라는 이 말은 인류가 존재하는 한 정도의 차이는 있겠지만 절실하다. 이것이 시행되지 않는 국가는 민심을 잃어 무너지고 말 것이다. 국가뿐만이 아니다. 회사, 조직, 가정 어디든 신상필벌을 결코 소홀히 해서는 안 된다.

다만, 언제나 알맞은 때와 장소에 이루어지는 신상필벌이어야 한다. 이것이 제대로 이루어지지 않으면 도리어 일을 그르치고 만다.

진지하게 몰두하라

❦

스모는 예전이나 지금이나 일본인들이 좋아하는 스포츠다. 승부가 한순간에 결정된다는 점에서 나는 스모가 좋다. 스모 선수들은 그 한순간의 승부를 위해 매일 아침 일찍부터 밤늦게까지 훈련을 게을리 하지 않는다. 그리고 그 성과를 경기장에서 한순간에 쏟아낸다.

당신은 지금 하고 있는 일을 본업으로 생각하고 몰두하고 있는가? 스모의 인기 속에는 땀을 기꺼이 받아들이는 선수들이 있음을 생각하고, 그들처럼 자신의 인생, 자신의 본업을 날마다 진지하게 파고들었으면 좋겠다.

회사를 물려받았을 때

❦

선대가 쌓은 기반을 이어받아 젊은 후계자가 사장에 취임하는 경우 나름의 어려움은 당연히 있을 것이다. 그 어려움을 헤쳐 나가기 위한 한 가지 방법은 초창기 때부터 일해 온 직원들에게 "저는 이렇게 생각하는데, 보시기엔 어떤가요?"라며, 귀찮을 정도로 찾아가 상담하는 것이다. 그러면 반드시 그 열의가 전해져 신뢰감이 우러난다. 또한 그의 열정 넘치는 모습에 직원들도 믿음을 갖고 저절로 도와주려고 할 것이다.

마음속 깊은 곳에서부터 열의와 열정을 끌어낼 수 있느냐가 후계자의 성공과 실패를 가름한다.

조직과 지위에 얽매이지 마라

업계별 혹은 동종 기업들끼리의 경쟁은 갈수록 격렬해지고 있다. 이 같은 격심한 경쟁에서 순간을 다투며 중요 사항을 보고해야 하는 상황이 자주 생긴다. 비상시에는 상사에게 보고하거나, 조직을 통해 처리해야 한다. 일의 순서로 보면 상사를 찾아가는 것이 정석이다. 하지만 긴급한 경우에는 조직이나 지위에 얽매이지 않고 곧바로 처리하는 것도 임기응변이다.

무슨 일이 생겼을 때는 누구라도 스스로 알아서 재빠르게 행동하는 것, 이는 치열한 경쟁에 대응하고 앞서나가는 길이다.

제품은 내 딸이다

우리 회사에서 매일매일 취급하는 제품은 애지중지 돌본 내 딸과 같다. 제품을 파는 것은 딸을 시집보내는 것과 같고, 단골 거래처는 내 귀여운 딸의 시댁이라고 할 수 있다.

이렇게 생각하면, 그 제품이 충분히 제 역할을 하는지가 걱정되어, 어떤지를 살짝 보고 오자는 생각이 들지 않을까. 이런 생각으로 날마다 일에 몰두하다 보면 거래처와의 사이에도 단순한 거래관계를 뛰어넘어 보다 깊은 신뢰와 강한 결속력이 생길 것이다.

감사하는 마음

우리는 결코 혼자서는 살 수 없다. 친형제를 비롯해 많은 사람들과 주위 환경, 더 나아가 조상이나 종교, 자연의 혜택 속에서 살고 있다. 이들에 감사하는 마음을 갖는 것은 사람으로서 당연하며, 결코 잊어서도 안 되는 태도다.

감사하는 마음이 없다면 생활은 무미건조하고 거칠어질 것이다. 항상 감사하는 마음을 갖고 사람들을 대해야만 다른 사람의 입장도 존중하며 행동할 수 있다.

리더는 눈앞에 닥친 일이나 사소한 일들에 얽매이지 않고
거시적인 관점으로 보고, 판단하는 것이 중요하다.

꽁 마음은 바로 섰는가 ꩜

10

크게 보고, 멀리 생각하라

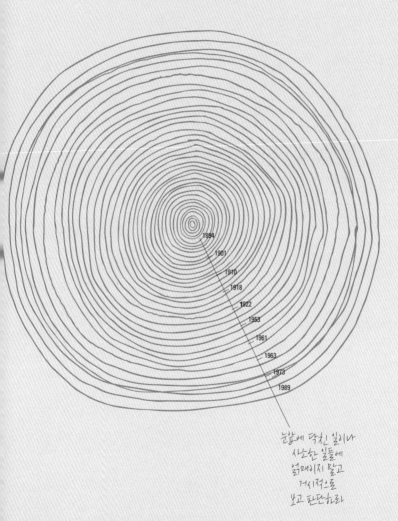

1894
1901
1910
1918
1922
1953
1961
1963
1973
1989

눈앞에 닥친 일이나
사소한 일들에
얽매이지 말고
거시적으로
보고 판단하라

국민이 국격이다

오늘날 법치국가라고 하면 대부분 선진국을 먼저 떠올린다.
하지만 법치국가가 곧 선진국은 아니다. 옳고 그르거나 잘
하고 잘못한 것을 모두 법으로 판단하는 법치국가는 중진
국이다. 참된 선진국 혹은 문명국은 제정된 법률이 극히 드
물어, 사람을 죽인 자는 사형에 처하고, 사람을 상한 자와
도둑질한 자는 죄를 주는 법삼장(法三章)으로 통치하는 나
라이며, 그만큼 국민의 의식이 높다.

진정한 선진국이 되려면 법보다는 국민의 의식을 높여야 하
고, 그렇지 못하는 한 선진국은 될 수 없다.

간절히 사람을 구하라

일을 시작하기에 앞서 어떤 사람을 구할 수 있느냐는 매우 중요한 문제다. 그 결과에 따라 일의 성패가 결정된다고 할 수 있다.

그렇다면 어떻게 해야 '사람'을 얻을 수 있을까? 큰 틀에서 말하면 운이나 인연이 닿아야 하는 것이라고 할 수도 있겠지만, 그보다는 역시 간절히 사람을 원하는 마음이 있어야만 인재가 모인다. 아무런 노력 없이 저절로 인재가 모일 리만무하다. 모든 일은 요구가 있는 곳에서부터 시작되기 마련이다. 인재의 부족을 한탄하기 전에 먼저 내가 얼마나 사람을 구하려고 노력했는지를 묻고 스스로 답해야 하지 않을까.

다름 속의 어울림

인간은 태어날 때부터 저마다 다른 모습과 성격을 갖는다. 그렇기 때문에 사명과 천성도 모두 다를 수밖에 없다. 그런데 사회는 모두를 하나로 묶으려 하고, 규제하려고 하며, 같은 길을 걷게 하려는 경향이 다분하다. 물론 그런 사고방식은 어떤 면에서는 필요할지도 모른다. 하지만 세상을 전부 하나로 묶으려는 것은 사회의 진보를 막는 것과 다를 바 없다.

저마다 갖고 있는 특성들을 제대로 인식하고, 그것을 살려 나갈 수 있는 공동생활을 궁리하지 않으면 안 된다.

마음은 참 묘하다

어떤 곤란한 문제가 생겨도 마음의 움직임에 따라 다르게 생각할 수 있다. 이는 누구나 마찬가지다. '이제 더 이상 참을 수 없어'라는 생각이 드는 순간에도 마음을 조금만 바꾸면 넓은 바다를 항해하는 듯한 속박 없는 세상으로 바뀐다. 마음은 참 묘하고 묘하다.

젊은 경영

누구나 나이를 먹어감에 따라 젊음을 잃어간다. 하지만 나이가 들면서도 젊음을 잃지 않는 사람들이 있다. 어찌된 영문인지 물으면 마음이 젊기 때문이라고 한다.

이처럼 기업도 정신적인 젊음이 중요하다. 다시 말해, 기업을 경영할 때 젊음을 부여하라는 뜻이다. 젊은 경영, 이것은 그 기업을 구성하는 사람들의 정신적인 젊음, 특히 경영자의 젊음을 말한다. 경영자가 생기 넘치고 활발하게 활동한다면 그것은 반드시 직원들에게 전달되어 회사의 구석구석까지 젊음이 발현된다. 그러면 아무리 오래된 기업이라 할지라도 늘 젊음이 넘치는 경영이 가능해질 것이다.

휴일의 의미

인류는 늘 생산의 증대와 더불어 생활수준을 향상시켜 왔으며, 휴일을 더 늘려왔다. 그러나 휴일은 그냥 주어지는 것이 아니다. 휴일은 이후의 생산성을 담보로 해야 한다. 노동과 휴식은 반대되는 것이 아니라 서로를 보완하는 것이다. 알맞게 쉬고, 그 힘으로 일에 집중하는 것, 그것이 사회가 발전하는 하나의 모습이다.

체력과 기력, 그리고 경험

인간의 체력은 서른 살 전후로 정점을 찍는다. 하지만 기력은, 내가 겪은 바로는 마흔 살 전후가 가장 최상이며, 나이를 더 들어감에 따라 점차 떨어진다. 물론 기력이 떨어져도 일은 훌륭히 해낼 수 있다. 그때까지 쌓아온 그 사람의 경험이 기력의 쇠퇴함을 보완해준다.

아울러 선배로서 존경받고, 후배들의 뒷받침으로 어려운 일도 훌륭히 수행할 수 있다. 이런 힘이 더해지기 때문에 비록 나이가 들어감에 따라 기력과 체력에서는 젊은 사람을 이길 수 없더라도 아무런 문제없이 일을 진행할 수 있다.

진보의 첫 고객이 되어라

제품을 만드는 사람은 이것이 최선이라는 생각으로 내놓지만 끊임없이 발전하는 요즘에는 새로운 아이디어 제품이 하루가 멀다 하고 나온다. 이 때문에 고객들 중에는 '기다렸다가 사면 더 좋은 제품을 살 수 있을 테니, 먼저 사면 손해'라고 생각하기도 한다.

그러나 제품은 누군가 처음으로 사주지 않으면 발전할 수 없다. '내 돈을 투자해서 샀기 때문에 많은 사람들에게 퍼질 수 있었다. 따라서 나는 그 제품에 공헌했고, 그 제품을 사용해 도움을 받았으므로 이득을 보았다'고 생각한다면 세상은 반드시 발전한다.

사람 중심의 경영

경영은 결국 사람이 하는 일이며, 사람을 제대로 운영할 줄
알아야 한다. 조직도 중요하지만 그것은 다음에 생각할 문
제로, 가장 먼저 사람이 핵심이라는 생각을 가져야 한다. 나
라의 정치는 관련 조직이나 기관이 먼저 만들어지고 거기
에 적합한 사람들이 들어가서 국정을 맡지만, 일반적으로
는 사람을 중심으로 생각하지 않으면 안 된다. 조직은 사
람을 활용하기 위해서 적절하게 만들어야 하는 것이 마땅
하다.

그러려면 역시 저마다의 힘, 각자의 능력이 무엇보다 중요
하다.

큰일을 당할수록 굳건하게

곤란하거나 혼란한 상황일 때, 마음의 동요를 없애고 굳건해야 한다. 의지를 확고히 유지하면서 일할 수 있을 때, 최선이라고 여겨지는 구체적인 방법이 적절히 떠오른다. 큰일을 당하면 당할수록 앞으로 어떻게 살아갈 것인가에 대한 확고한 신념을 가져야 한다. 그래야 큰일을 만나더라도 이를 헤쳐 나갈 수 있다.

인간다운 삶의 균형

인간다운 삶을 누리기 위해서는 과학이 발전하고 물질적으로 풍요로워지는 것만 중요한 것이 아니라, 인간으로서의 양심적인 판단, 정신적인 풍요가 수반되어야 한다. 몸과 마음이 같이 넉넉한 풍요의 균형이 잡혔을 때야말로 평화롭고 사람다운 행복한 생활을 보낼 수 있다.

최근 과학의 진보나 경제적인 발전에 비해 국민의 도덕심이 매우 떨어지는 것 아니냐는 목소리가 높아지고 있는 것도 이런 균형이 무너지는 것을 우려하기 때문일 것이다.

경영은 종합예술

경영자가 하는 일은 화가의 창조활동과 같다. 하나의 사업을 구상하고 계획을 세운 다음, 그 일에 따르는 자금을 구하고, 공장과 설비 들을 만들고, 사람을 구하고, 제품을 개발하고, 만들어서 사람들이 쓰도록 한다. 이 모든 과정이 화가가 그림을 그릴 때와 마찬가지로 창조의 연속이다.

겉모습만으로는 단순히 물건을 만드는 것으로만 보일 수 있다. 하지만 그 과정을 들여다보면 속에는 경영자의 정신이 생생하고 활기차게 작용하고 있다. 그렇기 때문에 경영은 매우 가치 깊은 종합예술이다.

국민으로서의 사명

우리나라처럼 산과 물이 이루는 경치가 맑고 아름다우며, 온화한 기후를 가진 나라는 흔하지 않다. 게다가 오랜 세월에 걸쳐 어느 나라와 견주어도 뒤지지 않을 독자적인 문화와 국민성도 가꿔 왔다. 앞으로도 이 나라가 존재하는 한 우리의 뛰어난 문화와 국민성은 영원할 것이다.

이를 위해 우리 국민들 모두가 이 나라를 소중하게 생각해야 한다. 그뿐만 아니라 이 땅에서 지금까지 소중히 간직해 온 전통정신을 토대로 더 훌륭한 문화의 꽃을 피우도록 노력하는 것, 그것이 오늘날 우리에게 주어진 사명이다.

상인의 도리

장사하는 사람은 제품을 사서 사용하는 사람의 입장을 누구보다 잘 안다. 제품에 대한 소비자들의 불만이나 요구사항을 들을 기회가 가장 많은 사람이 바로 그들이다.

따라서 손님의 요구에 맞추어 장사하기 위해서는, 손님들의 불만과 요구를 그냥 듣기만 할 것이 아니라, 손님의 평가를 곱씹고, 더 나은 아이디어를 생각해야 한다. 스스로 제품을 제안하고 그것을 생산자에게 전달하여, 개선하고 개발되도록 요구해야 한다. 그때 비로소 사회에 도움 되는 참된 사업도 가능하다.

종이 한 장 차이

사회적 책임에 대해서는 비슷하게 생각하더라도 그것을 관철하는 방법에는 차이가 있다. 한쪽에서는 '이걸로 충분해'라고 생각해도 다른 쪽에서는 '아직 부족할지 몰라'라고 생각하는, 종이 한 장의 차이가 큰 성과의 차이를 만든다.

충분하다고 여겨지면 불만이 생겨도 "그렇지만 이미 충분해" 하며 넘겨버린다. 하지만 아직도 부족하다고 생각하면 작은 불만조차도 기꺼이 받아들이고 처리하려고 한다. 늘 부족함을 채우려는 마음, 그것이 상품, 기술, 판매 부문을 비롯해 경영 전반에 걸쳐 이루어진다면 그 기업이 발전하는 것은 시간문제다.

제행무상의 가르침

석가모니는 죽기 전에 '제행무상(諸行無常)'이라는 말씀을 남겼다. 존재하는 모든 것은 모두가 다 변하며, 변하지 않는 것은 없다는 이 말은 일반적으로 '세상사가 덧없음'을 의미하지만, 만물은 늘 변하기 마련이며, 동시에 생성과 발전을 반복한다는 의미로도 이해할 수 있다.

이 말은 단순히 불교 안에서의 가르침이 아니라 우리가 날마다 하고 있는 일을 비롯해서 우리 삶과 사회의 모든 면에도 들어맞는다.

경영한다면 임상 전문가가 되어야

경영과 장사는 의학과 같다. 특히 그것은 임상의학에 해당되며, 기업을 경영하거나 장사를 하는 사람들은 모두 현장에서 경험을 쌓은 임상 전문가여야만 한다.

판매 계획을 세우는 사람이, 현장 판매 경험이 없는데 자기만의 지식과 재능에만 의지한 채 현실과 동떨어진 계획을 세운다면 그것은 제대로 쓰이지 못하고 실패할 확률이 높지 않겠는가. 역시 임상 업무를 하는 이상, 현장 체험부터 하지 않고서는 제 몫을 하는 사람이 될 수 없다.

독단은 실패로 이어진다

일을 하면서 회사의 전통과 방침을 무시하고 자기 혼자만의 생각으로 행동하지 않도록 반드시 주의해야 한다. 한 사람 한 사람의 아이디어가 아무리 새롭고 뛰어나도 전통을 무시하고 방침을 등한시하면서 자신의 주관만으로 행동한다면 도리어 회사에 피해만 가져다 줄 것이다.

사물의 한 면에만 집착해 자신의 생각을 주장하다 보면 그 이면에 흐르는 큰 힘을 보지 못한다. 또한 그로 인해 커다란 실패에 이를 것이다. 언제나 자신의 배후에 있는 일의 흐름, 그것과의 연결고리를 파악해내는 눈과 마음을 갖추고, 그 안에서 자신을 살려 나갈 수 있도록 훈련하지 않으면 안 된다.

식견을 길러라

세상 사람들은 저마다 다른 의견을 내세운다. 그러나 자유롭게 내 의견을 주장할 경우에는 자신의 의견에 얽매여 처음부터 끝까지 대립해서는 안 된다. 대립하면서도 조화를 이루지 않으면 안 된다. 자유는 남을 인정해줄 때, 남의 의견을 받아줄 줄 알 때 더욱 빛난다.

공공의 복지에 거슬러서는 안 된다는 것은 법으로 정해져 있기는 하지만, 그것만으로는 처리할 수 없는 경우도 있을 것이다. 이럴 때 개개인의 양식에 근거하여 일을 판단함으로써 자유가 진정한 자유가 되도록 만들어 가지 않으면 안 된다. 식견을 길러야 하는 것은 이 때문이다.

크게 보고, 멀리 생각하라

메이지유신의 주역으로 가츠 가이슈와 사이고 다카모리를 꼽을 수 있다. 당시 관군 측도 그랬지만, 막부 측에서도 싸움을 주장하는 사람이 적지 않았을 만큼 정세는 혼란스러웠다. 그렇다고 해서 가츠 가이슈와 사이고 다카모리가 전쟁을 결코 대수롭게 여기지는 않았으나, 전쟁까지 각오했던 것은 그만큼 나라의 미래까지 고심했기 때문이다. 그런 두 사람의 일치된 생각이 이후의 역사를 바꾸었다.

이들을 보면 리더가 눈앞에 닥친 일이나 사소한 일들에 얽매이지 않고 거시적인 관점으로 보고, 판단하는 것이 얼마나 중요한가를 알 수 있다.

경쟁 상대에게 배워라

상당한 실력을 갖추고 훌륭하게 경영하고 있는 상대와 경쟁해야 할 상황이라면 곤란하다, 야단났다고 생각하기 마련이다. 하지만 그것을 '상대방의 경영방식 중에서 좋은 점들은 받아들이자. 물론 이런 상대와 경쟁하는 것은 한편으로는 힘든 일이겠지만 동시에 큰 자극이 될 것이다. 결국 그것이 회사의 발전에 도움이 될 것이다'라고 생각하자. 그렇게 생각한다면 상대방의 장점을 순수한 마음으로 흡수할 수 있으며, 더 나아가서는 정신적인 성장과 더불어 상대를 이길 수 있는 지혜도 얻을 수 있다.

리더는 경쟁 상대에게서도 배우려는 마음가짐이 있어야 한다.

성공의 비결

좋은 곳이라고 생각해서 들어간 회사라도 하나부터 열까지 좋을 수는 없다. 때때로 결점도 보일 것이다. 그렇다고 해서 '이 회사 정말 안 되겠네'라고 단정해버리는 것과 '아무래도 이 점은 좋지 않지만, 이것을 내 문제라고 여기고 개선시켜보자'며 열의를 갖고 일하는 것은 대응 방법부터 완전히 달라진다.

'이 회사를 지금보다 더 좋은 회사로 만들자!'는 의욕을 갖고 모든 것을 긍정적으로 생각하는 직원은 신뢰와 기대를 한몸에 받는다. 성공의 비결은 여기에 있다.

내 탓이오

사람들은 남의 결점은 금세 찾아낸다. 어떤 문제가 생기면 그것은 모두 나와는 관계없고, 다른 사람 때문에 일어난 것이라고 생각하고 만다. 실제로 상대방의 탓이지, 나와는 무관할 때도 있다. 그러나 그것을 어떻게 판단하느냐는 어디까지나 내 자신에게 달려 있다. 그 사람 때문이기는 하지만 사실 내 탓일 수도 있다. 이처럼 나와는 전혀 관계가 없다고 딱 잘라 말할 수 없는 경우도 많다.

문제가 생겼을 때만이라도 먼저 남을 탓하기 전에 내 잘못은 아닌지를 반드시 되짚어봐야 한다.

지구 공동체 의식

지금은 세계화 시대다. 정치와 경제뿐만 아니라 자원이나 식량에 관한 문제가 어느 한 나라에서 발생하면 그것이 전 세계에 영향을 끼치는 일이 많아졌다. 그렇게 보면 세계도 많이 좁아졌다고 할 수 있겠다.

그렇기 때문에 단순히 내 나라의 문제만을 생각할 것이 아니라 좀더 시야를 넓혀 지구촌의 구성원이라는 의식을 갖고 행동해야 한다. 도움을 구하는 나라가 있으면 다른 여러 나라들은 각 나라의 형편에 맞게 도움을 주어야 마땅하다. 이처럼 우리 모두는 지구 공동체 의식을 갖고, 해야 할 일을 해나가겠다는 기본적인 마음자세를 갖추어야 한다.

그의 말에 귀를 기울여라

평소에 부하직원들의 말을 잘 들어주는 회사는 비교적 훌륭한 인재들이 많다. 상사가 부하직원의 말에 귀를 기울일수록 부하직원은 자주적으로 생각하게 되고, 그것이 그를 성장시키기 때문이다. 반면에 그들의 말에 귀를 기울이지 않는 회사에서는 인재가 나오기 힘들다. 자신의 말을 상사가 들어주지 않으면 타성에 젖어 일하므로 성장도 멈춰버린다.

당신이 상사라면 어떤 경우에라도 귀를 기울이는 자세를 잊지 마라.

좋은 제품을 만드는 노력

아무리 좋은 제품을 만들었다고 해도 그것을 사람들에게 알리지 않으면 아무런 의미가 없다. 완성된 좋은 제품을 보다 빨리 세상에 알리고, 사람들의 생활에 도움을 주려는 의미에서 홍보는 빼놓을 수 없다.

그럼에도 불구하고 홍보하지 않아도 좋은 평판을 얻고 크게 신용을 얻고 있는 제품이 있다. 훌륭한 제품은 스스로 소리를 내지 않지만 그 제품을 원했던 사람들에 의해 세상에 널리 전해지기 때문이다. 그러므로 홍보에 의지할 필요가 없는, 품질이 훌륭한 제품을 만들어 세상에 내놓으려는 노력을 언제나 게을리 해서는 안 된다.

지식인의 약점

최근 자주 접하는 말 중에 '지식인의 약점'이 있다. 이것은 일부 지식인들이 자신이 가진 어설픈 지식에 얽매여, '이것은 할 수 없는 일이야', '이 문제는 어떻게 생각해도 무리다'라고 판단해버려 좀처럼 실행으로 옮기지 않는 일면을 일컫는다.

실제로 우리 주변을 둘러보면 "이것은 지금까지 몇 번이나 해봤지만 안 된다"며 금방 결정을 내리는 일이 의외로 많다. 때로는 자신의 생각, 혹은 자신을 옭아매고 있는 상식이나 기존의 지식으로부터 벗어나 순수한 의문, 순수한 발상을 소중히 여기는 것은 어떨까.

늘 무서움을 품어라

사람은 저마다 무서워하는 무엇인가가 있다. 아이가 부모를 무서워하거나, 직원이 사장을 무서워하기도 한다. 그리고 자기 자신이 무섭다는 경우도 있다. 걸핏하면 나태해지려는 마음이 생기는 것이 무섭다, 쉽게 거만해지는 자신이 무섭다고 하는 것처럼 말이다.

무서움을 느끼는 것은 중요하다. 무서움을 마음에 품고, 그것을 느끼며 매일매일 노력을 거듭하다 보면 그 과정에서 신중함이 생기고, 자신의 행동을 반성할 수 있는 여유도 생기기 때문이다. 그뿐만 아니라 바른 길을 선택할 수 있는 명확한 판단력도 지닐 수 있다.

사장을 부려먹어라

나는 항상 사장을 적극적으로 부려먹으라고 말한다. "문제가 생겼습니다. 이런 문제는 사장님이 오셔서 얼굴 한번 보여주셔야 상대 쪽도 만족할 것 같습니다", "그래? 그렇다면 기쁜 마음으로 가겠네"라고 말이다.

이런 식으로 사장을 부려먹을 수 있는 직원이 되어야 한다. 회사에 사장을 부릴 수 있는 사람이 몇 명이나 있을까? 한 명도 없다면 그 회사는 끝이다. 하지만 사장을 부릴 수 있는 사람이 여럿 생긴다면 그 회사는 계속 발전할 수 있다.

사장이 아니더라도 상사를 이용하라. 상사가 부하직원을 다루는 것은 일상의 모습이지만, 그 반대로 하는 것은 중요한 일이다.

사명감 반, 월급 반

누구에게나 자신의 이익에 따라 행동하려는 욕구는 물론 사명에 따라 목숨까지도 바치고 세상과 남을 위해 죽을 수 있는 것에 보람을 느끼기도 한다. 이 때문에 사람을 쓸 때, 월급만 많이 주면 그만이 아니라, 사명감을 갖게 하지 않으면 진심으로 움직이려고 하지 않는다. 그렇다고 해서 사명감만 있고 월급을 작게 주면 어지간히 훌륭한 사람이 아니고서야 불만을 가질 것이다.

이처럼 사람의 본성에 입각하여 처우할 때 적절하게 사람을 활용할 수 있다.

먼저 주어라

세상은 서로가 서로에게 베풀고 받음으로써 돌아간다. 그것은 돈이나 물건 같은 물질적인 것일 수 있고, 배려와 같은 정신적인 것일 수 있다.

성경에 '주는 것이 받는 것보다 복이 있다'는 구절이 있는데, 사람은 남들로부터 받는 것도 좋아하지만, 남에게 베풀어 기쁨을 줌으로써 더 큰 행복을 느낀다. 우리는 이런 기쁨을 스스로 찾아 맛보며, 나를 포함해서 사회 전체를 보다 풍요롭게 만들수 있다.

'먼저 주어라!' 이를 우리 모두의 구호로 삼았으면 좋겠다.

11
기적은 내 안에 있다

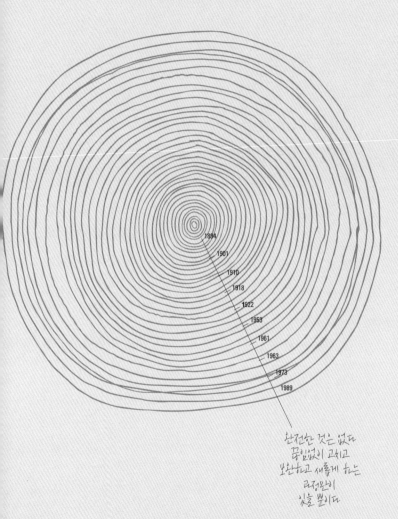

완전한 것은 없다
끊임없이 고치고
보완하고 새롭게 하는
과정만이
있을 뿐이다

흘러가는 구름처럼

푸른 하늘 여유롭게 떠다니는 새하얀 구름. 바쁜 일상을 살면서 의식하지 못했던 구름을 보았다. 빠르게 흐르다가 느리게 흐르고, 커졌다가 작아지고, 하얗게 보이다가 희미해지고, 높이 떴다가도 낮게 깔리는 구름. 그것은 잠시도 같은 모습으로 있지 않는다. 흐트러질 듯하면서도 흐트러지지 않고, 순간순간마다 모양을 바꾸며 푸른 하늘을 자유롭게 떠돈다.

그 모습은 우리들의 마음, 우리들의 삶과도 비슷하다. 사람의 마음은 날마다 변한다. 그리고 삶도 오늘과 내일이 다르다. 기쁨도 좋고, 슬픔도 좋다. 세상이 흘러가는 구름과 같다고 생각할 때 그 속에서 인생의 묘미를 맛볼 수 있다.

나를 키워준 그 한마디

내가 직접 물건을 만들었던 시절, 새로운 제품을 대리점에 가져가 보여준 적이 있었다. 그때, 대리점 직원이 "정말 애써서 만들었군요" 하고 말했다. 그 말을 들은 나는 그 물건을 공짜로 주고 싶을 만큼 기뻤다. 그 기쁨은 비싸게 팔아서 돈을 벌자는 계산적인 욕망에서가 아니라 내 노력을 인정해준 것에 대한 순수한 감격이었다.

이런 감격은 자신의 혼과 정성을 제품에 쏟아 붓는 사람만이 맛볼 수 있다. 회사 사람들 모두가 그런 기쁨 속에서 자기 일에 매진한다면 회사의 신용을 확고히 얻을 수 있고, 질 좋은 제품을 만들어내는 것도 가능해진다.

이 나라에 사는 자부심

시대가 변해도 고향을 생각하는 마음은 변함이 없다. 그리고 조상들이 가꿔온 우리나라의 전통과 정신도 마찬가지로 변하는 일이 없다.

우리에게는 조국이라는 자랑스러운 고향이 있다. 이를 깨닫고, 자긍심을 갖는 것에서부터 나라 사랑이 비롯되지 않겠는가. 국민으로서의 자각과 자긍심이 없다면 나라의 정치와 경제는 제대로 돌아가지 않을 것이다.

직종과 적성

문화가 발달하면 직종이 늘어나서 자신이 원하는 일을 선택하기가 쉬워진다. 그만큼 삶의 보람, 일하는 보람을 찾기도 쉬워진다. 그러나 '아직은 충분하지 않아. 이 일은 내 적성에 맞지 않아. 그래도 이 정도로 만족해야지'라고 생각하는 사람도 있을 것이다.

하지만 예전에 비하면 상당한 혜택을 받고 있다. 이렇게 생각하면 우리들은 매우 행복한 사람이다. 내가 원하는 일을 쉽게 찾을 수 있는 시대이기 때문이다. 이런 때 태어났으면서도 일에 보람을 느끼지 못하고 행복을 느낄 수 없다면 다시 한 번 생각해보라고 권한다.

결코 늦은 것이 아니다

흔히 "저 사람은 대기만성이야"라고 하는데, 칭찬으로는 들리지 않는 경우가 많은 듯하다. "지금은 그저 그렇지만 조만간 뭔가 큰일을 해낼 거야"라는 말로 들리기 때문이다. 그러나 이 대기만성이라는 말에 중요한 의미가 들어 있다. 진정한 대기만성은, 사는 동안에는 공부를 멈추지 않는다는 다짐을 버리지 않고, 토끼와 거북이의 경주에서 거북이가 이긴 것처럼 한 걸음 한 걸음씩 서두르지 않고 정진하며, 더 나아갈 수 있도록 노력하는 모습을 말하는 것이 아닐지.

그들을 위해 죽어라

부하를 위해 죽을 수 있다는 각오가 되어 있는지 여부로 리더의 역량을 가늠할 수 있다. 그런 각오도 없는 리더라면 부하들이 진심으로 따르거나 그를 위해 일하려고 하지 않을 것이기 때문이다. 경영자도 마찬가지로, 그런 각오가 없으면 직원들을 불편하게 여기거나 어려워하므로 제대로 꾸짖을 수도 없다. 그래서는 혼란만 불러온다.

경영자라면 언제라도 직원들을 위해 죽는다는 각오로 경영에 임해야만 회사도 힘차게 뻗어나갈 수 있다.

보기 전에 예상하라

부당한 경쟁은 절대로 해서는 안 되지만, 정상적인 경쟁이라면 먼저 나서서 참여하지 않으면 발전이 없다. 그리고 그 경쟁에서는 반드시 이겨야만 한다. 이때 중요한 것은 상대방이 패를 보여주기 전에 그것을 읽을 수 있느냐 없느냐다. 경쟁 상대의 새로운 아이디어가 제품으로 시장에 나오고, "그 제품이 좋은 것 같은데, 우리 회사도 만들어 볼까?" 하는 말이 나오면 이미 늦다. 눈에 보이지 않는 것을 살피는 것은 어려운 일이다. 그러나 그것을 살필 수 있어야 이기는 경영이라 할 수 있다.

시계추처럼

시계추는 쉬지 않고 왔다 갔다 하면서 시각을 알린다. 그것이 시계추의 원리이기도 하고 시계가 살아 있음을 알리는 표시이기도 하다.

이 세상과 우리의 삶도 시계추와 같다. 흔들림이 있기 때문에 세상은 활기차게 움직이는 것이다.

여기서 중요한 것은, 좌우로 흔들리더라도 한 쪽으로 치우침이 없어야 한다는 것이다. 세상의 번영도 이 흔들리는 폭이 알맞고 일정해야만 얻을 수 있다. 너무 좁아서도 안 되며 또 너무 넓어서도 안 된다. 리더라면 특히 중심을 잃지 말아야 한다.

이해득실에 얽매이지 마라

이해득실을 생각하는 것은 어느 정도는 부득이하지만, 그에 지나치게 얽매이면 자신이 가야 할 길을 잘못 들지 모른다. 학과를 선택할 때도, 직장을 고를 때도 마찬가지다. 그리고 누구나 월급이나 대우를 먼저 생각하는 경향이 있다. 하지만 그것보다 자신에게 무엇이 가장 적합한지 곰곰이 생각해야 한다.

반드시 대기업에 들어가야만 행복한 것은 아니다. 사람에 따라서는 작은 기업에 들어가서 인정받아 인생의 참맛을 느끼고, 일의 핵심을 깨우치는 소중한 경험을 해 성장하는 경우가 흔히 있기 때문이다.

고치고, 보완하고, 더 새롭게

새롭게 만든 제품이 열 개 있다면 그 제품들이 모두 완전할 수는 없다. 신제품이 나와도 시간이 지나면 더 새로운 제품에 밀리고 만다. 그 때문에 애써서 신제품을 만들고도 나중에는 모른 채 관심 밖으로 내모는 경우가 흔하다.

그러나 그 제품이 특별하지 않더라도 다음에는 더 좋은 것이 되도록 개선하고, 그보다 나은 것을 개발하는 과정을 멈추지 마라. 완전한 것은 없다. 끊임없이 고치고, 보완하고, 새롭게 하는 과정만 있을 뿐이다.

돈 버는 기업이 나라의 힘이다

기업은 어떻게 하면 더 합리적으로, 어떻게 하면 낭비를 없앨지를 연구하며 궁리하는 과정을 통해 이익을 얻는다. 그리고 그 이익의 많은 부분을 세금으로 낸다. 기업과 국민들 모두가 일을 하면서 이익을 얻고, 세금을 내기 때문에 나라의 재원이 충당된다. 아무도 돈을 벌지 않는다면 세금은 걷히지 않는다. 그러면 나라의 재원도 모을 수 없다.

기업이 돈을 벌어서는 안 된다고 한다면 경영은 간단해진다. 노력도 필요 없고, 창의적인 발상을 위해 고심하지 않아도 된다. 그렇게 해도 나라가 제대로 돌아간다면 어느 누구도 고생하면서 일할 필요가 없다.

입장을 바꾸면 보인다

경영자와 노조, 여당과 야당처럼 서로 조화를 이루다가도 서로 의견이 어긋나면 심하게 대립하는 경우를 어디서나 볼 수 있다. 그 결과, 평소에는 감싸 안았던 것들도 드러내어 헐뜯고, 일의 원활한 진행조차 방해받아 커다란 손실을 입곤 한다. 이는 서로 자기를 중심으로만 본 까닭이 아닐까. 자신의 입장을 내세워 생각하다 보니 더 자신에게 얽매이고, 그 결과 시각이 좁아져서 전체를 볼 수 없다. 상대방의 입장에 서서, 서로의 입장을 바꿔서 생각해보는 것, 그러면 서로에 대한 이해도 깊어지고, 합의점도 수월하게 찾을 수 있을 것이다.

리더가 되기 전에

겉으로 보면 리더가 조직 구성원들을 활용해서 일하는 것
처럼 보이지만 오히려 반대인 경우가 많다.

이 일을 맡아주시기 바랍니다, 잘 부탁드립니다, 혹은 잘되
기를 기원하는 마음을 갖는 것이 중요하다. 이런 마음 없이
명령만 내리면 그만이라는 생각은 큰 잘못이다. 윗사람은
한편으로 구성원들에게 고용된 사람이라고 생각할 수 있
어야 한다. 그런 마음가짐으로 일할 때 비로소 구성원들에
게 신뢰를 얻을 수 있다. 특히 큰 조직이나 집단의 리더일
수록 이런 자세를 철저히 지켜야 한다.

나를 바로잡기 위해

마쓰시다전기는 1933년에 '지켜야 할 다섯 가지 정신'을 정했고, 1937년에 여기에 두 개를 더한 이래 지금까지 매일 아침 업무를 시작하기 전에 그 정신을 제창하고 있다. 물론 이것은 직원으로서의 마음가짐을 말하지만, 그와 동시에 나를 단속하기 위한 것이기도 하다. 직원들 모두가 아는 사명이라고 해도 아무것도 하지 않으면 잊히기 마련이다. 그래서 매일 아침, 일을 시작하기 전에 되새기는 것이다. 스스로에 대한 훈계인 것이다.

사람은 아무리 굳게 결심하더라도 시간이 지남에 따라 약해진다. 이를 방지하기 위해 언제나 자신에게 그 결심을 들려주며, 스스로에 대한 설득과 훈계를 멈춰서는 안 된다.

당신의 활동가치

월급이 백만 원인 사람이 백만 원의 값어치만 일한다면 회사에는 무엇이 남겠는가. 어떤 사람이 백만 원의 월급을 받는다면 그는 적어도 삼백만 원, 가능하다면 천만 원의 가치가 있는 일을 해야 한다. 그렇게 함으로써 회사는 돈을 벌고, 그만큼을 사회에 환원할 수 있다. 백만 원의 월급을 받고 팔십만 원만큼의 일을 한다면 회사는 이십만 원의 손실을 볼 것이다. 만약 회사에 그런 사람들만 있다면 회사는 적자로 인해 무너지고 말 것이다.

회사에 속한 사람으로서 항상 자신의 의무를 충실히 하라.

성공할 때까지 계속

어떤 일이라도 뜻을 세워 시작했으면 일이 잘 풀리지 않거나 실패했다는 이유로 쉽게 포기해서는 안 된다. 한두 번의 실패로 꺾이거나 단념해버리는 약한 마음을 갖고서는 끝까지 일을 마칠 수 없다. 세상은 항상 변하고, 흘러가고 있다. 한번쯤은 실패하거나 뜻을 이루지 못해도 좌절하지 않고 강한 인내력으로 착실히 노력을 거듭하다 보면 주변 상황이 유리하게 바뀌어 새로운 길이 열릴 수 있다. 세상에서 말하는 실패의 대부분은 성공하기 전에 포기해버리는 것이 원인이다.

마지막의 마지막까지 절대 포기해서는 안 된다.

권위를 인정하라

회사를 경영하거나 부서를 책임지고 운영할 때, 거기에 모두가 인정할 수 있는 권위를 부여하고 그것을 기반으로 일을 추진해야 능률이 오른다. 회사의 창업정신, 경영이념이나 사명감, 또는 경영자의 인덕이나 열의를 모두가 이해하고 권위로써 인정하면 모든 일이 능률적으로 진행될 것이다.

오늘날에는 권력을 부정하는 풍조가 강하기 때문에 좋은 의미의 권위마저도 인정하지 않으려는 경향이 있다. 하지만 그것이 오히려 능률을 떨어뜨린다.

민주주의와 방임주의

민주주의는 자기만 좋으면 남이야 상관없다는 방임주의와
는 전혀 다르다. 그런데 지금의 민주주의는 방임주의를 넘
어 제멋대로주의가 되어버린 듯하다. 제멋대로 하는 것이
마치 민주주의인 양 착각하는 사람도 상당수 있는 것 같다.
민주주의는 자신의 권리와 주장을 인정받음과 동시에 타인
의 권리와 복지도 인정해야만 하며, 그렇지 않았을 때는 법
에 의해 처벌을 받는, 엄격한 계율과도 같다. 그런 계율이
제대로 섰을 때 민주주의는 유지된다.

반복해서 호소하라

경영자가 자신의 생각이나 의지를 직원들에게 충분히 전달하기 위해서는 어떻게 해야 할까?

정답은 무조건 반복해서 말하는 것이다. 중요한 내용이나 명심했으면 하는 것은 몇 번이라도 반복해서 말하라. 열 번이 넘어도 괜찮다. 그렇게 하면 싫어도 머릿속에 박혀 기억할 수밖에 없다. 그리고 그 내용을 글로 적어보는 것도 좋다. 글로 남겨 '이 말을 명심하시오'라고 하면 된다. 그것을 읽음으로써 여러 번 호소하는 것과 같은 효과를 얻을 수 있다.

너그러운 마음으로 받아주다

세상에는 좋은 사람만 있는 것이 아니다. 아주 좋은 사람도 있고, 아주 나쁜 사람도 있다. 그래서 아름다운 사람, 착한 사람들만 있었으면 하고 바라더라도 실제로는 그렇지 않다. 아름답지도 않고, 정직하지도 않은 사람도 섞여 있기 마련이다. 이것이 이처럼 넓은 세상의 모습 아니겠는가. 그래서 관용이 절실해진다.

힘이 없는 사람과 힘이 센 사람이 있어도 서로가 서로를 감싸주면 거기서 공동의 힘이 생긴다. 이 힘으로 우리 모두는 살아갈 길을 찾을 수 있다.

마음을 풀어놓아라

리더는 발상을 자유롭게 전환할 수 있어야만 한다. 이것은 리더의 중요한 요소다. 그러나 발상을 자유롭게 전환한다는 것은 말처럼 쉬운 일이 아니다. 특히 스스로가 자신의 마음을 옭아매거나 좁히는 경우가 많다. 이 때문에 마음을 풀어 놓고, 마음의 폭을 넓히는 것이 중요하다.

지금까지 앞에서만 보던 것을 뒤에서도 보고, 뒷모습만 보던 것을 앞모습도 봐야 한다. 이를 기회가 있을 때마다 반복해야만 한다. 이런 훈련을 통해 다양한 분야에서 발상이 자연스러워지도록 해야 한다.

변명보다 반성을

일의 종류야 어떻든지 일이 잘 풀리지 않을 때는 반드시 이유가 있게 마련이다. 일이 잘 풀리지 않았을 때 원인을 따져보는 것은 앞으로의 실패를 반복하지 않기 위해서라도 반드시 필요하다. 이는 누구나 알고 있다. 하지만 사람들은 종종 일이 제대로 안 되는 이유를 찾고 반성하기보다는, "상황이 그랬기 때문에 잘 안 된 거야", "생각하지도 못한 일이 일어나서 이렇게 된 거야"와 같이 변명하고, 서둘러 그 상황에서 벗어나려고 한다.

원인은 자신에게 있다고 생각할 때 실패의 경험도 제대로 살려 나갈 수 있다.

노동은 신성하다

노동은 신성하다는 생각을 확고히 했으면 좋겠다. 노동은 신성하며, 성직에 몸담는 것처럼 몸을 움직여 일하는 것에 긍지를 가짐으로써 노동의 가치는 더 올라가고, 능률과 생산성도 같이 올라간다.

생산성이 향상되고 업무의 성과가 올라가면 노동자에게 보다 많은 보상과 수입을 가져다준다. 이것은 노동의 기쁨과 같은 정신적인 면뿐만 아니라 물질적인 면까지 향상시킨다. 노동은 몸과 마음이 하나로 올곧게 서는 길이자, 나를 갈고 닦는 성스러운 작업이다.

불가능을 가능으로

어떤 제품의 가격을 일 년 동안에 무려 삼십 퍼센트나 내린 회사를 신문에서 보았다. 그런데 그 회사는 가격을 내림으로써 적자가 생기지 않을까 하는 염려와 달리 오히려 사세가 더 커지고 있단다. 그렇다면 제품 가격을 내렸는데 무엇이 회사가 내실 있게 발전하게 했을까? 나는 확신한다. 그 회사는 연구하고 연구했기 때문이라고. 경영 방식이나 방법을 연구해서, 그렇게 가격을 내리더라도 이익을 남길 수 있는 방법을 찾은 것이라고 말이다.

당신의 회사도 그와 같을 수 있다. '불가능을 가능으로 만들 수 있는 길은 반드시 있다'고 다짐하고 꾸준히 노력한다면 제품 가격을 내리더라도 오히려 발전할 수 있다.

기적은 당신이 만든다

무엇인가에 목숨을 건다는 것은 위대한 일이다. 목숨을 걸 각오가 되어 있다면 일하는 태도도 저절로 진지해진다. 그에 따라 사고방식도 달라지고, 창의적인 생각들도 끊임없이 우러난다. 살아 움직인다는 것은 그런 것이다.

목숨을 걸 각오가 서 있을 때 번영할 수 있는 방법들도 끊임없이 떠오른다. 이 무한히 잠재되어 있는 것들을 하나하나 찾아가는 것은 당신의 권리이자 의무다. 절대로 '이걸로 됐어'라고 단정하지 마라. 그것은 당신의 권리를 버리고 의무를 게을리 하는 것이다. 기적을 만드는 것은 남이 아니라 당신 자신이다.

끊임없이 요구하라

경영자는 끊임없이 요구하는 사람이어야 한다.

직원들에게 "회사의 방침이 이러하니 이렇게 해주었으면 합니다. 여러분, 노력해주십시오"라고 큰 소리로 외쳐야 한다. 이것은 경영자가 해야만 하는 일이다. 경영자가 그렇게 하지 않으면 직원들은 무엇을 어떤 식으로 해야 할지 모르기 때문에 강한 단결력도 생기지 않는다. 따라서 경영자는 높은 이상과 희망을 확립하고, 그것을 직원들 모두에게 바라고 부탁해야 한다. 요구하지 않는 경영자는 존재 가치가 없다.

성공

성공이란 자신에게 주어진 천성을 있는 그대로 완전하게 활용함으로써 얻을 수 있는 것이 아닐까. 그것이 올바른 방식이며, 스스로도 만족할 수 있고, 일의 성과도 올려주며, 주위 사람들에게도 기쁨을 줄 수 있는 길이기도 하다.

이런 의미에서 자신에게 주어진 천성을 살리는 것이야말로 성공이라고 말할 수 있다.

시작했으면 마무리하라

일상의 업무를 하면서 조금만 주의를 기울이면 나중에 후회할 일이 줄어든다. 열심히 노력해서 모처럼 목표의 구십구 퍼센트까지 다가갔어도 나머지 일 퍼센트의 마무리가 제대로 이루어지지 않는다면 그것은 처음부터 하지 않은 것과 다름없다.

일을 완전히 마무리하는 데 결코 지나침은 없다. 이제껏 마무리에 약한 태도를 가지고 있었다면 그 철저함의 부족을 부끄러워할 만큼 엄격한 마음가짐을 가졌으면 좋겠다.

할인 이상의 서비스를

상인은 자신의 신념이나 사업관에 따라 적정이윤을 확보하고, 고객을 소중히 여기며 상인으로서의 사회적 책임을 다하는 것이 중요하다. 그것은 또한 사회와 더불어 번영으로 나아가는 바람직한 자세다.

이를 위해서는 적당히 흥정하며 가격을 깎아주기보다는, 처음부터 충분히 고려했던 적정한 가격을 붙이고, 왜 그런 가격을 붙였는지 손님을 이해시켜야 한다. 그렇게 하면서 "저 가게는 가격 할인보다 더 가치 있는 서비스를 제공한다"는 평가를 고객으로부터 들을 수 있는 장사를 하는 것이 중요하다.

의식 선진국을 목표로

경제적인 충실과 더불어 국민 모두의 도덕과 질서의식을 높이고, 밝고 활기차게 일하면서, 함께 어울려 살아가는 공동생활을 만들어 가야 한다. 아울러 우리나라뿐만 아니라 다른 나라, 더 나아가 인류를 위해 봉사하고 공헌할 수 있는 여유로움이 있는 국가와 국민으로 변모해야 한다. 그와 같은 의식 선진국, 도덕대국으로 불리는 날을 목표로 전진하는 것이 지금의 우리에게 절실하다.

타고난 운명을 탓하기보다는 그 운명을 적극적으로 받아들이고
긍정적으로 활용해나갈 때 당신만의 특별한 길이 열릴 것이다.
그 길에서 기쁨과 위안을 얻을 것이며, 그 다음에는
진정한 삶의 보람을 느낄 것이다.

⋙   마음은 바로 섰는가   ⋘

12

나를 돌아보고, 나를 세울 때

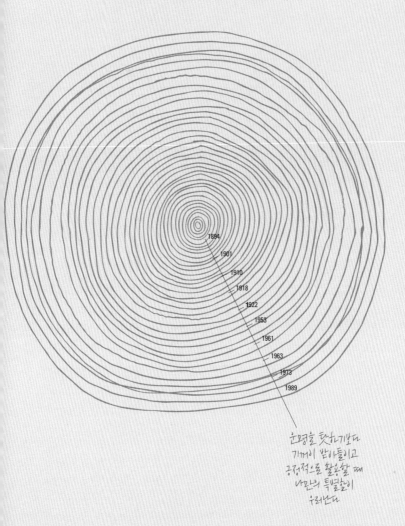

1894
1901
1910
1918
1922
1953
1961
1963
1973
1989

운명을 탓하기보다
기꺼이 받아들이고
긍정적으로 활용할 때
나만의 특별함이
우러난다

하루하루 최선을 다하라

일본의 전국시대를 통일한 도요토미 히데요시는 짚신지기를 할 때는 일본 최고의 짚신지기가 되었고, 석탄 관리를 맡았을 때는 완벽한 석탄 관리자가 되었다. 그리고 마구간지기였을 때는 말에게 먹이기 위한 당근을 자신의 급여까지 쪼개 가면서 사들였다. 그만큼 그는 자신이 맡은 일에 열정과 열의가 대단했다. 비록 말을 돌보는 말단직임에도 불구하고 그는 한 번도 투덜대지 않았고, 오히려 일본 최고의 말 관리사가 되려고 노력했다.

어떤 환경에 놓이더라도 자신이 할 수 있는 최선을 다하며 하루하루 충실하게 살아가다 보면 세상에 도움 되는 사람이 될 수 있고, 그것이 성공으로 가는 길이다.

참아야만 한다면 참아라

애써 추천했음에도 불구하고 그것을 써주지 않는다고 분개하고, 상대의 어리석음을 탓하며 포기해버리고, 결국 일을 망치는 경우를 자주 본다.

그런 식으로 해서는 결코 큰일을 이룰 수 없다. 받아주지 않으면 때를 기다려라. 열심히 설명했는데도 안 되는 것은 아직은 때가 아니라고 생각하고 인내하라. 굳이 표현하지 않아도 깨우칠 날이 올 것이고, 당신의 성의는 더욱 빛날 것이다. 그것이 당신을 성공의 길로 안내할 것이다.

세계를 아우르는 리더십

지금은 어느 나라에서 일어난 일도 금세 전 세계로 퍼지고, 한 나라의 사소한 변화도 전 세계에 영향을 미치고 있다. 이런 상황에 내 나라, 내 회사, 내 조직만을 보는 좁은 시야로 일을 판단하고 행동하는 것은 우물 안 개구리에 불과하다. 넓은 시야는 리더에게는 없어서는 안 될 요소가 되었다.

리더는 나라 전체와 전 세계를 보는 폭넓은 시야로 모든 일을 관찰해야만 하고, 나라와 조직을 생각해야 하며, 다른 사람들에게도 넓은 시야의 중요성을 알려주어야 한다.

역경에서 무엇을 배우는가

세상은 시시각각 변화와 진보를 거듭하며 발전하고 있다. 어떤 일이 생길 때마다 그 때문에 세상은 점점 더 좋아진다. 세상은 역사를 이어오면서 숱한 상처를 입었지만 그로써 더욱 더 발전해왔다. 어떤 역경 속에서도 세상은 결코 진보와 발전을 늦추지 않는다.

전쟁이 좋다는 말이 아니다. 어떤 자세를 취하느냐에 따라 그것이 발전으로 이어지는 한 가지 이유가 될 수 있다고 생각할 뿐이다.

받는 은혜보다 주는 은혜를

은혜를 아는 것은 마음을 풍요롭게 하는 무형의 자산이다. '돼지 목에 진주 목걸이'라는 말처럼 진주의 값어치를 모르는 돼지에게 진주는 쓸모없는 것에 불과하다. 이 뜻과는 반대로 은혜를 안다는 것은, 돌덩이를 받더라도 그것을 금에 버금가는 값진 것으로 여기고 다음에 만나면 금처럼 귀한 것으로 보답하겠다고 다짐하는 것이다. 모든 사람들이 이런 생각을 지닐 수만 있다면 이 세상은 풍요로워질 것이다. 다만, 이것만은 명심하라. 은혜의 가치를 알되, 은혜를 베풀거나 은혜를 갚으라고 강요하지는 마라.

급여는 얼마가 적정할까

급여를 많이 받고 싶은 것은 누구나 마찬가지다. 그것을 나쁘다고는 생각하지 않는다. 하지만 회사가 직원들의 급여를 올려주고 싶어도 회사의 독단으로 그만큼을 올려줄 수 있는 것은 아니다. 공정한 승인 절차를 밟고 통과되어야만 한다.

얼마의 급여가 적정한지는 회사뿐만 아니라 직원들에게도 그들의 안정과 번영이 걸린 중대한 문제이며, 그와 동시에 사회를 번영시키는 기반이 되기도 한다. 따라서 서로가 충분히 배려하면서 끊임없이 궁리하고 대화를 나누면서 적정 수준을 찾아가야만 한다.

누군가를 키워야할 때

선배들을 제치고 젊은 후배가 발탁되어 승진하는 경우가 있다. 이때, 단순히 임명장만 건네며, 이번에 아무개가 과장으로 승진했다고 발표하는 것은 승진한 사람을 난처하게 할 뿐이다.

이럴 때는 사장이 직접 나서서, 해당 부서의 책임자를 내세워, "우리는 책임자의 지시에 따라 최선을 다할 것입니다"와 같은 선서라도 시켜라. 선을 분명히 해두어야 하기 때문이다. 그렇게라도 하지 않으면 부서 안에 감정의 응어리가 생겨 곤란한 일이 생길 수 있다.

주저하지 말고 조언을 구하라

아무리 애쓰더라도 그것이 최선의 방법이 아니라면 그 즉시 윗사람에게 조언을 구해야 한다. 물론 책임감을 갖고 자주적으로 일하는 것은 더할 나위 없이 바람직하다. 하지만 어려움에 부딪혀 옴짝달싹 못하는 상황에서 혼자 고민만 하면 다른 사람들은 그런 당신의 상황을 알 리 없고, 나중에 알린다 하더라도 이미 손을 쓰기에는 늦다.

어려움에 처했을 때는 주저하지 말고 윗사람을 찾아가 보고하고 지시를 들어야 한다. 그것이 바로 진정한 책임경영이다.

이 땅에 태어나서

같은 나라 사람들이라도 저마다 다른 사고방식과 성격을 갖고 있다. 그래도 그 나라 국민으로서 공통적인 민족성과 국민성은 존재한다. 우리나라의 경우 우리나라만의 기후와 풍토 속에서 오랜 시간을 거쳐 형성된 부지런하고 섬세한 정서가 있다.

물론 반성해야 할 점도 많다. 하지만 근면성과 재주, 특혜받은 기후와 풍토, 그리고 오랜 역사와 전통은 세계 어디에 내놓아도 부끄럽지 않은, 자랑스러운 유산이자 우리가 가꾸어야 할 보물이다.

한도를 넘지 마라

사회에는 상식이 존재하고, 그 상식에 맞는 한도도 있다. 돈을 예로 들면, 돈을 저축하는 것도 좋고 많이 쓰는 것도 좋다. 하지만 도를 넘어선 구두쇠 짓을 하거나, 헤프게 써 많은 빚을 질 경우 사람들은 그것을 이해하거나 받아주지 않는다. 마찬가지로 수입의 범위 안에서 돈을 쓰는 것은 허용되더라도 그것을 초과하면 신용 문제로 넘어갈 수 있다.

무엇을 하더라도 그 한도를 넘지 않도록 주의를 기울이고, 책임감을 갖고 행동할 수 있어야 한다.

본받되, 따라 하지는 마라

도쿠가와 이에야스는 일본 역사상 가장 뛰어난 리더 중 한 명으로, 그의 사고방식과 업적은 지금도 배울 점이 너무나 많다. 그렇지만 그를 따라 한다고 해서 잘되리라고 착각해서는 안 된다. 오히려 실패할 확률만 높아질 뿐이다. 왜냐하면 그가 취했던 방법들은 그였기 때문에 성공할 수 있었던 것으로, 그와는 개성이 전혀 다른 당신이 그를 따라 한다고 해서 그처럼 성공할 수 있는 것은 아니다.

사람은 저마다 개성이 다르다. 어느 누구도 다른 사람과 똑같을 수는 없다. 그러므로 위인을 흉내 내기보다는 그들로부터 힌트를 얻어 자신에게 맞는 방식을 찾아야 한다.

고객에게 기쁨을 팔아라

장사하는 사람이라면 자신이 파는 상품의 품질을 철저히 따져야 하고, 그 상품에 대한 믿음과 신념이 확고해야 하며, 이를 고객에게 확신을 갖고 호소할 수 있어야 한다. 확신에 찬 호소는 고객의 마음을 사로잡고, 그 상품을 구입하도록 한다. 좋은 물건을 써본 고객은 만족감을 느낄 테고, 판매자에 대한 신뢰도 높아질 것이다. 그러면 사업은 저절로 번창한다.

특히 고객에게 호소할 때는 기쁜 마음이어야 한다. 내가 즐거워야 고객이 즐겁고, 그것만이 장사의 철칙이다.

당신은 목숨을 걸 수 있는가

한 선배가 내게 "사람은 많지만 쓸 만한 인재는 없다"고 말했다. 생각해보니 회사의 경영도 이와 마찬가지로, 일상적인 업무를 맡길 사람은 많지만 큰일을 맡길 만한 사람은 정작 찾기가 쉽지 않다.

그렇다면 문제는 어떤 사람이 중요한 순간에 도움 되느냐인데, 우선은 그 분야에 해박한 지식과 풍부한 경험이 있어야 할 것이다. 하지만 그것만으로는 부족하다. 그것을 바탕으로, 거기에 '목숨을 걸겠다'는 각오가 서야 한다. 요즘 같은 세상에 목숨을 걸라고 진짜로 그럴 사람은 없겠지만, 필요할 때는 '이 한 목숨 바쳐서'라는 각오로 임할 수 있어야 이 시대가 진정으로 원하는 인재가 아닐까.

예측할 수 없기에 가슴 뛰는

비가 내리고 천둥이 치는 자연현상은 어느 정도의 예측은 가능해도 정확하게 알기는 어렵다. 우리 삶도 이런 자연현상과 닮았다. 살다 보면 천재지변에 필적할 만한 예측하지 못한 어려움을 만난다. 하지만 우리는 그 어려움 속에서도 언제나 길을 찾으려 하고, 맡은 일을 해나가지 않으면 안 된다.

흔히 '한 치 앞도 모른다'고 할 만큼 어려움이 많은 인생이지만, 장애물을 뛰어넘고, 길을 개척해갈 때 비로소 인생의 묘미를 깨우친다. 인생이 예측 가능한 것이라면 그 묘미는 반으로 줄어들 것이다.

정당한 경쟁을

회사를 경영하는 이상 동종 업체들과의 치열한 경쟁은 피할 수 없지만, 그 경쟁은 반드시 정당한 방법에 의한 것이어야 한다. 비겁한 방법을 써서는 안 되며, 경쟁 상대를 무너뜨리거나 손해를 입히는 것도 피해야 한다. 이것이 사업을 시작하면서 지금까지 나를 이끌어 온 정신이다. 지금까지 나는 경쟁사가 있기 때문에 우리 회사도 분발한다고 생각해왔고, 이처럼 경쟁 회사를 발전적인 시각으로 봐야 한다는 생각을 직원들에게도 설파해왔다.

당신도 사업을 한다면, 실업가인 동시에 올바른 신사 숙녀가 되어야만 한다.

대의명분은 있는가

지금도 칭송 받는 무장들은 반드시 '이 전쟁은 결코 내 욕심을 위한 것이 아니라, 나라를 위하고 백성을 위한 위대한 목적을 위한 것이다'와 같은 대의명분을 분명히 밝혔다. 아무리 많은 병사를 통솔하더라도 정의가 없는 전쟁은 결코 병사들로부터 지지를 받지 못하며 성과도 얻을 수 없다.

이는 전쟁에만 해당되는 말이 아니다. 사업을 할 때나 정치적인 정책을 펼 때도 무엇을 목표로 하고, 무엇을 위해 하는지를 분명하게 해둔 다음에 이를 사람들에게 밝혀야만 한다. 그것은 리더의 의무이기도 하다.

그때처럼, 그러나 그때와는 다르게

우리나라가 세계에 문을 열었을 때 국내에서 많은 혼란이 일어났다. 그리고 최근 우리나라는 또 다시 커다란 전환기를 맞고 있다. 하지만 이는 우리나라에만 해당되는 것은 아니다. 전 세계를 둘러보면 다른 나라들은 우리와 달리 안정되었다고 보기는 어렵기 때문이다.

이를 생각했을 때, 지금 우리나라는 새롭게 문을 여는 시기에 놓여 있다. 첫 문이 우리나라의 근대화를 앞당겼다면, 지금은 전 세계의 개혁을 위해 노력할 때다.

상대방을 탓하기보다

장년과 청년, 혹은 어른과 아이들 사이에 생긴 단절은 이익과 손해를 공유하지 않았기 때문이며, 그 이해를 하나로 만들지 않았기 때문이다.

부모는 자녀를 위해, 자녀는 부모를 위해 무엇을 해야 하는지 궁리하고, 교사와 학생은 서로를 진심으로 이해하고 있는지 살피며, 각자 자신의 위치와 입장에서 마주하는 상대를 생각해야 한다. 그 사이에 틈이 생기고 틈이 커져 단절로 이어지면 결국에는 사회적인 분쟁으로까지 번지고 만다.

다만 최선을 다할 뿐이다

인간에게 수명이 있듯이 하는 일도 마찬가지다. 비록 그것
이 언제 어떻게 될지는 모르지만 일에도 수명이 있다. 하지
만 그 시기를 알 수 없다고 해서 비관하고 노력을 기울이지
않는 것은 주어진 천수를 제대로 누리지 않는 것이며, '어
차피 언젠가는 죽을 텐데 건강을 챙겨서 뭐해'라고 생각하
는 것과 다를 바 없다.

모든 일에는 수명이 있음을 알고, 그 수명이 다하는 날까지
마음과 정성을 쏟아야 한다. 그런 자세를 갖는다면 더 여유
로워질 것이다.

하루에 열 번 반성하라

'군자는 하루에 세 번 반성한다'는 옛말이 있다. 군자는 시시각각 변하는 정세를 예의주시하며 그것에 맞춰 대응해야 하므로 하루에 세 번 의견이 바뀌더라도 이상한 일이 아니다.

비약적인 속도로 발전해나가는 요즘에는 '십 년을 하루같이'로 보면 잘못 판단할 수 있다. 옛날에도 군자는 하루에세 번 반성했다. 하물며 변화의 속도가 빠른 지금에는 하루에 열 번, 스무 번 반성하고, 깨우칠 수 있을 만큼의 식견과신속한 판단력을 지니지 않으면 안 된다. 본성은 변하지 않지만, 그것을 뛰어넘어 시시각각 변하는 세상에 대응해나가는 것이 중요하다.

얻기는 어려워도 잃기는 쉽다

신용은 보이지 않는 힘이며, 보이지 않는 재산이다. 신용은 결코 하루아침에 얻어지는 것이 아니다. 오랜 시간에 걸쳐 성실함이 쌓일 때, 차츰차츰 얻어지는 것이다. 하지만 그렇게 힘들게 얻은 신용을 잃는 것은 한순간이다.

예전에는 사소한 실수가 있어도 과거에 쌓아 두었던 신뢰로 신용이 실추되는 일은 드물었지만 지금처럼 모든 정보가 순식간에 전 세계에 전해지는 시대에서는 사소한 실수도 치명적일 수밖에 없다.

작은 일일수록 큰일처럼

큰 실패에는 혹독한 질타가 따르지만 작은 실패는 가벼운 주의로 끝내는 경우가 흔하다. 하지만 큰 실패에는 엄청난 고뇌와 남다른 노력이 깃들어 있다. 실패로 실망이 크겠지만, 그로써 얻은 교훈 역시 크다. 그러므로 큰 실패를 경험한 사람에게는 "그런 일로 풀이 죽어서는 안 돼"라고 격려해주면서, 실패한 이유를 함께 찾고, 다음번에는 그 경험을 활용할 수 있도록 해야 한다.

한편, 작은 실패나 실수는 부주의나 느슨한 마음가짐에서 생기므로 깨닫지 못하는 경우가 많다. 작은 일에만 매달리다가 큰일을 잊어버려서도 안 되지만, 작은 일을 소중히 여기고 작은 실패를 엄하게 꾸짖는 자세도 절실하다.

운명을 기회로

사람에게는 저마다 주어진 길이 있다. 그것을 운명이라 부르지 않더라도, 당신에게 주어진 성격이나 환경은 대부분 당신의 의지와 힘을 초월한다는 것을 인정해야 한다. 문제는 그런 운명적인 것들을 어떻게 받아들이고 활용하느냐다. 당신의 타고난 운명을 탓하기보다는 그 운명을 적극적으로 받아들이고 긍정적으로 활용해나갈 때 당신만의 특별한 길이 열릴 것이다. 그 길에서 기쁨과 위안을 얻을 것이며, 그 다음에는 진정한 삶의 보람을 느낄 것이다.

시간을 소중하게 여기는 마음

어느 날, 이발소에 들렀을 때의 일이다. 여느 때라면 한 시간이면 충분했을 머리 손질이 그날만은 한 시간을 훌쩍 넘었다. 이발사가 서비스해준다고 더 만져주었기 때문이다. 이발을 마치자마자 나는 농담을 섞어가며 그에게 말했다.

"서비스를 해주려는 마음은 참으로 고맙네만, 자네가 정해진 시간을 넘기면서까지 정성을 쏟느라 스케줄이 있는 손님은 얼마나 곤란하겠나? 자네가 그 정성으로 정해진 시간 이내에 이발을 끝낼 수 있다면 그것이야말로 훌륭한 서비스일 것 같군."

직원은 경영자 하기 나름

'머리가 돌아가지 않으면 꼬리도 돌아가지 않는다'는 옛말이 있다. 직원 백 명을 거느린 사장이라면 백 명 모두를 긴장시킬 수 있어야 하며, 큰 성과를 올리고 싶다면 직원들이 안쓰럽게 여길 정도로 움직여야 한다. 그때 비로소 직원들은 하나가 되어 일에 몰두한다. 하지만 사장이 열심히 하지 않으면 직원들도 똑같이 그 정도까지만 일한다.

사람은 원래 그렇다. 절대로 어수룩하게 해서 얻을 수 있는 것은 없다. 당신이 한가하게 담배를 피우면서 아랫사람에게 일하라고 한들 그가 제대로 일할 리 없다.

맛있게, 빠르게, 친절하게

견습생으로 일하던 시절, 내게는 국수를 먹는 것이 즐거움 중 하나였다. 그 어린 마음에도 '이 식당 국수는 정말 맛있어. 국수 하나만 시켜도 다른 곳과 달리 친절하게 대해줘'라는 생각으로 언제나 그곳만 고집했다. 그 국숫집은 맛있으면서도 친절했고 음식을 내는 속도도 빨랐다.

사업이나 장사를 잘하는 요령을 내게 묻는다면, 그때 그 국숫집이 해답이라고 말하고 싶다. 좋은 상품을 남보다 빨리 만들어 내놓고, 사용법을 친절하고 자세하게 설명하는 것. 이와 같은 마음가짐으로 임한다면 그것이 성공으로 이끄는 열쇠라고 확신한다. 그런 사업이나 장사가 성공하지 않는다면 그만큼 불가사의한 일도 없을 것이다.

결코 포기하지 마라

성공하는 회사와 무너지는 회사는 종이 한 장 차이다. 예를 들어, 앞으로 가격경쟁이 심해질 것이라고 예상한다면 당연히 회사의 제품 가격을 그에 맞춰서 내려야 한다. 가격을 내리지 않을 생각이라면 그러는 이유가 타당하면 된다.

어렵겠다, 불가능하다면서 포기해버리면 어떤 일도 이룰 수 없다. 무슨 일이 있어도 끝까지 해내겠다는 자세로 임할 때 성공의 실마리를 찾을 것이며, 성과도 얻을 것이다.

책임은 분명한가

예나 지금이나 서로가 일을 하면서 서로의 책임을 명확히 구분 짓고, 그 선을 확실히 하는 것은 중요하다. 물론 회사마다 분위기와 업무가 다르고, 독자적인 업무 방식이 있을 것이다. 하지만 자신의 성장을 위해, 회사가 지금보다 더 크게 도약하기 위해, 사회에 공헌하기 위해서라도 책임을 분명히 구분 짓는 단호함은 절실하다.

지금이라도 다시 한 번 각자의 입장에서 자신을 되돌아보고, 애매하게 일하고 있지는 않은지 살펴보기 바란다.

이상적인 정치

정치에는 이상이 있어야 한다. 나라를 이렇게 이끌겠다는 한결같은 각오가 서 있어야 한다. 그러나 현실은 그렇지 못하다. 적당히 하고, 서둘러 넘어가려고만 한다. 후진국이라면 따라잡자거나 추월하자는 목표라도 있을 테지만, 이미 선진국의 대열에 서 있다면 지금보다 더 큰 목표와 이상을 반드시 확립해야 한다.

세계 일류 국가가 되었다고 하더라도 우리는 더 많은 역할을 해야 한다는 마음가짐으로, 보다 높은 이상을 품어야 한다. 정치는 특히 그렇다.

명상의 시간

합리성과 속도가 강조되는 요즘, 빨라지는 속도만큼 조용히 명상하고 싶다는 마음도 커진다. 이것이 인지상정이며 본능이다. 이를 억제하는 것은 오히려 내 몸과 생활을 망가뜨리고 만다.

잠자리에 들기 전에 조용히 하루를 반성하라. 방법은 상관없다. 그런 시간을 갖고 하루를 정리할 때 평온을 누릴 수 있으며, 내일을 기대하는 새로운 의욕도 우러난다. 세상이 시끄러워질수록 명상하는 시간은 더 절실해진다.

감사하고 반성할 때

누구나 지난 일 년을 돌아보고 마음속에 남아 있는 앙금을 없애고 싶어한다. 이때, 좋았던 일은 좋았다고, 나빴던 일은 나빴다며 솔직하게 스스로 점수를 매겨보라. 그리고 돌아보라. 지금까지 결코 혼자 힘으로 지내오지 않았으며, 자신도 모르는 곳에서 많은 사람들의 도움을 받았고, 의식하지도 못한 곳에서 그들에게 폐를 끼쳤는지 모른다.

그들이 도와준 것에 감사하고, 폐를 끼쳤던 사람들에게는 정중하게 사과하자. 겸허한 감사와 솔직한 자기반성만이 당신을 성장으로 이끈다.